人生の優先順位を明確にする

1分

1 MIN

CLARIFYING
LIFE PRIORITIES

Toshitaka
Mochizuki

望月俊孝

マインドフルネス

ONE MINUTE MINDFULNESS

KADOKAWA

驚くのも
無理はありま
せん。

私もこれを
受け入れるのに、
ずいぶん手痛い思い
をしてきましたから。

おっと失礼。
自己紹介が
まだでしたね。

私は望月俊孝。
この本の著者です。

私は過去に
能力開発や自己啓発本
をたくさん読んで
独立しましたが、

ズ

自主廃業

借金
6000万

ン…

子供に
会えない日々

試してみても、
このような状態
でした……。

そんな時、冒頭の
3つの質問を
考え始めたのです。

そしてある日、
その答えに
辿り着きました。

それは——

「今、この瞬間」を一番大切にする。

「今」

すると目の前の課題が、やるべきことと必要なタイミング、

必要な仲間を教えてくれるようになったのです！

そしてこれを実践し始めてから、事態は好転し始め、

迷ったら「今」!!

せっせっ　っっっ

結果として再独立1年で

完済!!

借金6000万を完済することができたのです！

迷ったら「今、ここ」に意識を置く姿勢は、それから30年私を救いました。

金融危機や2度の大震災、そしてコロナ禍──。

当たり前が崩れる危機の中でも、

会社を成長させることができたのです。

4

とはいえ……、
試しに「今、ここ」に
集中してみてください。

どうでしょう。
頭の中に雑念が
溢れ出して
きませんか？

「あれをしないと」
「あれってどうなった？」

あんなコト、
言わなきゃよかった…

明日の仕事、
ゆううつだなあ……

きゃもや

そわそわ

こんな風に過去の後悔や
未来への心配が
襲ってきませんか？

私も昔は一緒でした。

月末の返済日や
過去の後悔が浮かんでは
消えていく……

返済
どうしよう…

自分はなんて
ダメなやつなんだ…

子供も
いるのに…

とても今、ここに
集中できなかったのです。

そこで学んだのが、
ある考えの
切り替えでした。

「頭で考える」から
「カラダで感じる」
に変えること。

マインドフルネスはハーバードなどの名門学術機関が授業に取り入れていたり、

本書は、私が実践してきたマインドフルネスのメソッドを

一挙にまとめた集大成です。

Googleなどの大企業が社内プログラムに組み込んでいたりします。

各章の節は「Lecture」と「work」に分かれています。

『Lecture』

理論　エピソード

いずれも1分以内に読めて、効果を体感できます。

『work』

実習　ステップの紹介

「1分で実感でき、一生使えるマインドフルネス」が本書のモットーです。

例えば、このような悩みを持つ方は、ぜひ実践してみてください。

先のコトばかり不安になる。

環境の変化に対応したい

自分にも他人にもやさしくなりたい

自分の役割をみつけたい

誰も答えを教えてくれない時代に、

1分マインドフルネス

自分だけの答えを見つけたい全ての方のお役に立てる一冊です。

それではページをめくって、本編でお会いしましょう

1分で実感、一生使える！
即効！ マインドフルネス

 自分にとって大切なことが何か分からなくなってきた

 夢や目標があるけれど、仕事や家庭に追われている

このような悩みを抱えていませんか？

あなたが抱えている人生の課題、悩み、不安は本書でご紹介するマインドフルネスで解決することができることでしょう。

ところで「マインドフルネス」と聞いて何を思い浮かべますか？

「静かな部屋で座禅を組んでいそう」
「ちょっとあやしいかんじ……」
「意識が高い人がやるもの?!」

そう思われる方もいるでしょう。ただ、本書でご紹介するマインドフルネスは、あなたの認識とは少し異なるかもしれません。

ポイントは次の通りです。

> ①　科学的な根拠に裏打ちされている
> ②　1分で実感でき短時間で実践。一生使える
> ③　有効性が高く、あなたの人生が変わる

　仕事、家庭、お金——。

　人生の悩みはつきません。多くの人
は、右のイラストのように様々な思考
が複雑に絡まりあって日々を過ごして
います。しかし、このような状態で毎
日を過ごしていると、あなたにとって
最も貴重なものが失われていきます。

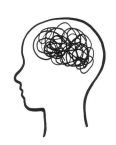

それは「時間」です。

　人生はそれほど複雑なものではありません。あなた自身に
とって何が大切で、今、何をすべきか。本書を最後まで読めば、
それが明らかになります。

　通勤時間、就業前、休憩中、就寝前など、少しの時間で、
マインドフルネスは実践でき、高い効果を発
揮します。本書を活用すればまずは1分で実
感できます。

　さあ、「今、この瞬間」と向き合い、あなた
の理想の未来を手に入れましょう！

CONTENTS

漫画　1分で実感、一生使える！　即効！ マインドフルネス……………2

第 1 章

あなたの世界をゆるがす
6つのマインドフルネス的 新常識 Q & A …………15

序説 あなたの人生が次の瞬間変わる確率　99.9996%……………16

Q1 人はどんな状況にいると成長する?……………22

Q2 人はどうしたら変われるのか?……………26

Q3 「心の強さ」を手に入れるには?……………29

Q4 どうすれば今よりもっと成長できる?……………33

Q5 後悔しない人生を生きるためにはどうしたらいい?……………39

Q6 AIに仕事を奪われないために普段からできることってあるの?……………43

第 2 章

マインドフルネスの効果・歴史・
11個の科学的検証……………47

① マインドフルネスの歴史 1
「最も科学に愛された心の健康法」とその誕生 ……… 48

② マインドフルネスの歴史 2
トップ・ビジネスパーソンの必須スキル ……… 53

③ マインドフルネスとは何か?　その目覚ましい効果とは? ……… 57

事例 1 普通のリラックス法との違いが知りたいあなたに
20分×5日だけで得られる4つの効果 ……… 65

事例 2 人生の決断力がほしいあなたに
かしこい脳へアップデートするには? ……… 68

事例 3 テストに強くなりたいあなたに
たった2週間で!?　世界的な大学院試験で点数アップ! ……… 71

事例 4 何かの依存をやめたいあなたに
禁煙成功率36%向上!　依存する自分を乗り越える ……… 74

事例 5 職場のストレスに負けたくないあなたに
次々と起こる7つの変化 ……… 78

事例 6 教育に携わるあなたに
77〜90%!?　マインドフルネスのすごい授業効果! ……… 82

事例 7 アイデア・発想が欲しいあなたに
10分で創造性が2割増し! ……… 85

事例 8 「優しさ」を育みたいあなたに
4歳児も大人も。「愛」も「肯定感」もアップ ……… 88

事例 9 円満なパートナーシップを望むあなたに
パートナーともっとうまくいく ……… 92

CONTENTS

事例 10 打たれ強さがほしいあなたに
たった、0.6秒で集中脳が作れる! ……… 96

事例 11 高齢化社会を共に歩むあなたに
脳に投資をしよう! 年を重ねることも怖くない ……… 99

第**3**章

マインドフルネス・ワーク 大全 ……… 103

1 「マインドレス」から「マインドフルネス」へ 「反応」から「対応」へ ……… 104

2 マインドフルネス実践の7つの心構え
「今」の自分を知ること ……… 109

3 伸ばしたい能力(脳力)別! 科学的に体系化された
マインドフルネス瞑想のプログラム ……… 118

4 マインドフルネス・チェック・テストに挑戦
あなたのマインドフルネス・レベルを測ってみよう! ……… 123

5 注意力・学習力を高める基本メソッド1:
たった「1分」でもやってみよう「呼吸瞑想法」 ……… 127

6 注意力・学習力を高める基本メソッド2:
8倍速く重要な情報をキャッチする「ボディスキャン」 ……… 134

7 注意力・学習力を高める基本メソッド3:
人生を楽しく変える「マインドフルに食べる」 ……… 142

8 レジリエンス（立ち直る力）を高める基本メソッド：
大切な人への「思いやり」を思い出す「慈愛の瞑想」..............150

9 社会的対応力を高める基本メソッド：
可能性を広げる「思考を観察する」瞑想..............161

10 発展型マインドフルネス 1：
通勤・通学が気づきの場となる「マインドフル・ウォーキング」....165

11 発展型マインドフルネス 2：
「引き寄せの法則」から導かれた「願望実現マインドフルネス」....170

12 発展型マインドフルネス 3：
「マインドフル・コミュニケーション」の意外な5大要素..............178

13 発展型マインドフルネス 4：
科学的に効果抜群　5つの「書く瞑想　ジャーナリング」..............189

第4章

次世代が注目する
最新マインドフルネス「Awe（オウ）体験」....197

1 人生観も世界観も一瞬で変わる!?「Awe体験」とは？..............198

2 小さい自分を認めるから起きる！「Awe体験」の4大効果..............203

3 あなたもカンタンにできる「Awe体験」11選！..............211

CONTENTS

第 **5** 章

人生の半分を上の空で過ごさないため マインド・ワンダリング（心のさまよい）との向き合い方 219

❶ 私たちの人生の半分は「上の空」!?
マインド・ワンダリング（心のさまよい）って? 220

❷ マインド・ワンダリングの場面を減らそう 1
「感謝」という万能薬 224

❸ マインド・ワンダリングの場面を減らそう 2
見違えるパフォーマンスをもたらす「工夫」という常備薬 232

あとがき 「世界はもっと豊かで、もっと優しく、美しい」 236

ブックデザイン：菊池祐（ライラック）
本文デザイン・イラスト：松岡羽（ハネデザイン）
漫画：葵山わさび
編集：五十嵐恭平

第1章

あなたの世界をゆるがす
6つのマインドフルネス的
新常識 Q & A

あなたの人生が
次の瞬間変わる確率　99.9996％

Intro

「0.0004％」……何の割合だと思いますか？

これは私たちの注意力の割合です。

　私たちが意識的に注意を向けることができるのは、脳内の膨大な情報のうちわずか 0.0004％程度なのです。

　バージニア大学の心理学教授ティモシー・ウィルソンによれば、人間は常に約 1100 万個の情報に直面していますが、脳はそれらの情報のうちたったの 40 個程度しか処理できないと言うのです。※1

　「本当？」と思ったあなた、さっそく体験してみましょう！本を読むのをとめて次のワークをやってみましょう。

Work　　　【今この瞬間を五感で感じよう】※2

〔1〕今、見えるものを 5 つ、探してみましょう。

〔2〕今、聞こえてくる音を 4 つ、探してみましょう。

〔3〕今、触れることができるものを 3 つ、探してみましょう。

〔4〕今、嗅ぐことができる匂いを 2 つ、探してみましょう。

〔5〕今、味わえる味を 1 つ、探してみましょう。

いかがでしたか？

意識すると途端に気づくことが多く、驚いたことでしょう。今、この瞬間の世界は、実はとっても豊かなものなのです。でも、私たちはそれを日々素通りしています。それはとても、もったいないことです。次の実験をごらんください。

Lecture

私たちは目の前のチャンスの扉を素通りしている

元マジシャンという異色の心理学者リチャード・ワイズマン博士はこんな驚きの実験を行いました。[※3]

参加者に新聞を一部渡し、掲載されている写真の枚数を数えてもらいます。ほとんどの方は、最大２分ほどで課題を終えました。

実は紙面には仕掛けがありました。２ページ目には、紙面の半分に１文字３cmの大きな字でこんなメッセージが書かれていました。

「ここで数えるのをやめてください。この新聞には合計 43 枚の写真があります」

「数えるのをやめてください。このメッセージを読んだと申告すれば 100 ポンドを差し上げます」

17

しかし参加者は、誰もこのメッセージに気づかなかったのです！

　参加者は、みな真剣に課題に取り組み、明確な目標もありました。だからこそ集中するあまりに目の前に示された答えや大切な情報さえ意識に入らなかったのです。

　このように大切なことをうっかり見逃してしまうことは、私たちの人生でも今、この瞬間起きていることかもしれません。

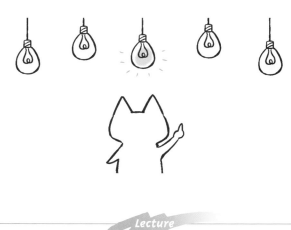

あなたが次の瞬間全く違う人生を歩み始める確率 99.9996％！

「大切なことは見逃したくない！」と強く思ったあなたに。
ご安心ください。良いお知らせがあります。

　引き算をすると、私たちが毎瞬 0.0004％の世界しか認識で

きないということは、残り 99.9996％は未知の世界ということになります。

「未知」と「可能性」は同じ意味です。そして、未知・可能性の世界にアクセスするためには、あなたが意図して注意の向きを変えればよいだけなのです。

つまり、**あなたが次の瞬間に全く違う人生を歩み始める確率は、99.9996％なのです！**　まるでＳＦの「パラレルワールド」のようですね。

では、どのように注意の向きを変えればよいのでしょうか？実は、あなたはもうその方法を知っています。

Ｐ16で、五感で今、という瞬間を体験しましたね。あの時のように、**今、この瞬間だけに意識を集中すればよいのです。**
これが本書のテーマである「マインドフルネス」です。

とはいえ簡単そうにみえて、なかなか難しいことです。

私たちは常に過去への後悔と未来への不安に苦しめられています。あるいは、他者からどう見られているかを始終気にしています。そのせいで、常に緊張を感じています。落ち着くことがないのです。

でも、もしどんなときでも落ち着くことができ、今この瞬間だけに注意を向けることができれば、いつでも可能性の扉を開くことができるのです。

これは、「幸運」や「引き寄せ」をあなたにもたらす方法でもあります。さきほどのワイズマン博士も言っています。

「運のいい人は、より落ち着いてリラックスしているから、それだけ偶然のチャンスに気がつきやすい」と。

次の6つの文章は、どれが嘘だと思いますか?

いかがでしょうか。第1章では、あなたが常識だと思ってきた世界像を見直すことになるかもしれません。

では、次の6つの文章をお読みください。

〔1〕刺激で人は成長する
〔2〕しっかりした計画を実行することで、人生は段階的に変わっていく
〔3〕「自分」を強く持てば、メンタルは改善する
〔4〕「自分」に厳しくするから、成長できる
〔5〕過去は変えられないし、未来はどうなるか分からない
〔6〕AIが進化すると、人間の能力では全く太刀打ちできなくなる

いずれもよく耳にする大正論です。

私の50年にわたる研究・実践からは、この一見正論と思われることが私たちの可能性をかえって狭めていることがわかりました。

では、真実は何でしょうか？

最新の科学の知見や賢人の智慧は、**全く正反対の新しい世界**を私たちに教えてくれます。

そして、その新しい世界を旅するベストな方法こそが「**マインドフルネス**」なのです。

次ページからは、１つずつ検証していきましょう。

☀ 未来への一歩 ☀

あなたは左記の６つの文章のなかで正解だと思ったものは何ですか？

その信念が強ければ強いほど、次ページ以降の学びが増えますよ。

《参考文献》

※1　https://www.fastcompany.com/3036627/youre-more-biased-than-you-think

※2　『ちず先生と動画で一緒にマインドフルネス！子どもたちの心が穏やかになり、自己肯定感が高まる』P. 7（著）太田千瑞　ほんの森出版

※3　『運のいい人の法則』P.74〜78(著)リチャード・ワイズマン博士　（訳）矢羽野 薫　角川文庫

Q1 人はどんな状況にいると成長する?

A. (1) 静寂で人は成長する
(2) 刺激で人は成長する

答えはP25に

Intro

　人類の歴史上、現代は最も「何かをしている」時代です。

　移動中ですら、耳にはイヤフォンが差し込まれ、目はスマホの画面に向けられています。終始新しい刺激に身をさらしているのです。

　これはある意味、素晴らしいことです。生きている時間を1秒も無駄にせず、その時間を何かを得るために使っているのですから。でも、その陰で私たちの大切な成長機能が忘れ去られてしまいました。

　一体、それは何でしょうか?

Lecture

完全な静寂の中にいるだけで、私たちの脳は成長する

　2013年、デューク大学の生物学者らは衝撃的な研究を発表しました。※1

成体マウスに次のような音を聞かせて、刺激を与えます。

〔1〕子犬の鳴き声
〔2〕モーツァルトの「2台のピアノのためのソナタ　ニ長調」
　　　（一時期、能力開発で評判になったクラシック音楽）
〔3〕ホワイト・ノイズ
　　　（様々な周波数の音を同じ強さで混ぜて再生した騒音）

　一方で、一部のマウスは1日2時間完全な静寂の無響音箱に入れました。

　さて1週間後、驚くべき結果が判明しました。

　なんと1日2時間完全な静寂を体験したマウスだけが、神経細胞レベルで強い反応が起きて、記憶を形成する海馬領域の細胞が発達し続けていたのです！

　私たち人間を含めた哺乳類は、幼少期をすぎると新しい神経細胞は生まれないと考えられてきました。※2

邪念

1日2時間の静寂で
海馬領域の細胞が
発達。

23

しかし近年、脳の限られた領域では一生涯、新しい神経細胞が生まれ続けていることが分かりました。そして私たちの記憶や空間学習能力を司る海馬もこの領域に含まれています。

　この研究は、ただ**完全な静寂に2時間、身をおくだけ**で、**海馬の神経細胞が成長し、記憶力や学習能力が自然に強化される**ことを教えてくれています。

　すごい話ですよね。

　なぜこんな現象がおきるのでしょうか?

　自然界では完全に無音なことはほとんどありません。無音は異常事態です。

　そこで私たち哺乳類の脳は無音だと警戒モードに入り、迫り来る危機に備えます。そしてこの刺激が神経細胞の成長を促すというわけです。

　あなたが最近、完全な静寂の中に身を置いたのはいつでしたか？　マインドフルネスは、現在に意識を集中して、思考や感覚を評価せずただ見つめることで、あなたをいつでも深い静寂に導いてくれます。

《参考文献》
※1　Imke Kirste, Zeina Nicola, Golo Kronenberg, Tara L Walker, Robert C Liu, Gerd Kempermann(2015)Is silence golden? Effects of auditory stimuli and their absence on adult hippocampal neurogenesis.Brain Struct Funct. 2015 Mar;220(2):1221-8.
※2　「神経新生の生体イメージングに成功　－うつ病診断および抗うつ薬の効果判定への応用に期待－」理化学研究所 2016年8月30日

A.(1)静寂で成長する

耳からだけではなく、私たちは常に何らかの刺激や情報にさらされて生きているのです。

Q2 人はどうしたら変われるのか?

A.
(1) ふとしたひらめきに乗っかることで、一瞬で変わる

(2) しっかりした計画を実行して変わっていく

答えはP28 答えはP28

Intro

現代の日本では、「人生100年プラン」が大流行です。

先の見えない時代だからこそ、しっかりした計画を立てたくなりますよね。

一方でコロナ禍を経験し、人工知能(AI)の時代に直面している私たちは、計画していても予想外のことが起こる経験を何度もしています。そんな時代をどう生きればよいのでしょうか?

Lecture

「計画」よりも人生を激変させる「モチベーションの嵐」現象

2005年、L.C.ララビー博士は146名の喫煙者への大変興味深い研究を発表しました。※1

146名はみなヘビースモーカーであり、半年以上1日5本以上は喫煙をしていました。その上で禁煙の努力もしていま

したが、成果はバラバラでした。

　調査の結果、禁煙成功者の面白い特徴が分かりました。なんと禁煙成功者の67%が、**事前に禁煙の計画をきちんとは【立ててていなかった】**のです。

　「たまたま雷雨でタバコを買いにいけなかったことがきっかけで、それからタバコを一切吸わなくなった」と言う人もいました。

　普通は、きちんと行動計画を立てて、徐々に喫煙の回数を減らしていくのが順当な気がしますよね。

　でも人間は面白いことに、立派な計画を立てようとすればするほど、それを言い訳に行動を先延ばしにしてしまいます。

　一方で、このように**突然の些細なきっかけを「機会（チャンス）」**として、全く違う人生を始めることもできるのです。ミ

あ、タバコ
やめよ……

シガン大学のケネス・レズニコフらはこうした「行動を変えると決めること」を「量子的な事象」と呼んでいます。※2

　つまり人は直線的な段取りや損得勘定などがなくても、突然のひらめきによって行動をガラリと変えてしまうのです。ケネスはこの事象をこんな素敵な言葉で表現しています。

「それまでの知識や思考の塊が大気のように混ざり合い、突然モチベーションの嵐を引き起こします」

≒ 未来への一歩 ≒

　あなたはこれまでに、突然新しい人生が始まった瞬間はありますか？　それは奇跡ではなく、私たち人間の本来の人生の変え方なのかもしれません。マインドフルネスは、今、この瞬間に意識を集中することで、「計画」に囚われず、自分自身の思考のありのままを見つめることができます。

《参考文献》
※1　L C Larabie（2005）To what extent do smokers plan quit attempts?Tob Control. 2005 Dec; 14(6):425-8
※2　Kenneth Resnicow and Scott E. Page（2008）Embracing Chaos and Complexity: A Quantum Change for Public Health　Am J Public Health. 2008 August; 98(8): 1382-1389.

A.（1）ふとしたひらめきに乗っかることで、一瞬で変わる

Q3 「心の強さ」を手に入れるには？

A.
(1) 遂行したい目的に立ち返り、自分を「強く持つ」

(2) 無理をして頑張っても空回りするだけだから、自分を「ゆるめる」

答えは P32 へ

Intro

「10億人」。この世界で心の不調に苦しむ方の数です。

権威ある医学雑誌「ランセット」の「世界の健康に関する年次レポート（2020年）」に書かれている言葉です。※1

このレポートは次のような衝撃的な内容の連続でした。

〔1〕 不安障害とうつ病による生産性の低下は、毎年1兆ドル（約110兆円）の世界経済の損失になっている。

〔2〕 心の不調による健康損失や生産性の低下による損失額は、2030年までに世界全体で6兆ドル（約660兆円）になると推定されている。

もはや、メンタルの問題は個人だけの問題ではなく、地球全体で解決するべき課題なのです。メンタルの問題は、個々人の「心の強さ」の問題として語られることが多いです。

ただ、本当にそれでよいのでしょうか？

メンタルが不調な方ほど使う 3 つの言葉

2018 年、イギリス・レディング大学のモハメド・ムサウィらは、重要な実験結果を発表しました。※2　彼らが注目したのは、うつ病をはじめ精神的な苦痛を抱える方が使う、**言葉の傾向**でした。

画期的なのはその調査法にありました。63 個のネット上のメンタル相談の掲示板にある、約 6,400 名分の投稿を言語ソフトで解析したのです。

その結果、次の 3 点が判明しました。

傾向 1 ）　一人称代名詞を多用する

「私」「私自身」など自分をさす言葉を多用し、逆に「あなた」「彼ら」などの言葉は見受けられない

傾向 2 ）　否定的な言葉を多用する

傾向 3 ）　絶対主義者の言葉を多用する

「絶対に○○する、○○しない」「すべてにおいて○○だ」「いつも、いつまでも○○だ」という強い表現が多い

「白黒をはっきりつけたい」という絶対思考は誰にでもあります。しかしその度が過ぎると、ふさぎこみ、自分を傷つける方向に向かってしまいます。特に傾向 3 ）の「絶対主義者の言葉」は、自殺願望にもつながると研究チームは述べています。

「私」「絶対」の枠をゆるめるほど、心は立ち直る

　「ポジティブ心理学」を提唱したマーティン・セリグマン博士は、苦難から立ち直るときに、それを妨げる心の作用を、3つの"P"で表現しています。※3

> 〔1〕Personalization（自責化）
> 　　　自分だけが悪いと思うこと
> 〔2〕Pervasiveness（普遍化）
> 　　　ある出来事が人生のすべてに影響すると思うこと
> 〔3〕Permanence（永続化）
> 　　　ある出来事の余波がいつまでも続くと思うこと

　「そんなことあるわけないよ」と思われるかもしれません。でも、渦中の人にはその言葉は届きません。
　そこでおすすめなのは、いったん「私」「絶対」の枠から離れてもらうことです。そして高い視点で、苦しみの発端を見つめてもらうことです。
　すると、今まで気がつかなかった突破口が見えてきます。
　「自分」という枠をゆるめればゆるめるほど、立ち直る力（レジリエント）を発揮できるのです。

「私」「絶対」の枠を離れるプロセスは、カウンセラーなどに頼らなくても、あなた1人ですることができます。その方法が、本書で紹介する「マインドフルネス」です。

《参考文献》
※1　https://www.thelancet.com/journals/langlo/article/PIIS2214-109X(20)30432-0/fulltext
※2　Mohammed Al-Mosaiwi and Tom Johnstone(2018)In an Absolute State: Elevated Use of Absolutist Words Is a Marker Specific to Anxiety, Depression, and Suicidal Ideation.Clin Psychol Sci. 2018 Jul;6(4):529-542
※3　『OPTION B: 逆境、レジリエンス、そして喜び』P.21 シェリル サンドバーグ (著), アダム・グラント (著),櫻井 祐子 (翻訳) 日経BPマーケティング

A. (2)無理をして頑張っても空回りするだけだから、自分を「ゆるめる」

Q4 どうすれば今よりもっと成長できる？

A. (1) 「自分」に厳しくするから、成長できる（完璧主義）

(2) 「自分」をゆるすから、成長できる（成長主義）

答えはP38

Intro

「しっかり目標管理をしよう！」。

誰もが一度は言われたことがあるでしょう。そして、目標への計画を提出することもありますよね。

昔から「正しい」目標設定には次の5つの要素があるとされていました。

〔1〕 Specific（具体的である）

〔2〕 Measurable（測定可能である）

〔3〕 Attainable（達成可能である）

〔4〕 Relevant（現状とつながっている）

〔5〕 Time-Bound（締め切りが決められている）

頭文字をとって通称「SMARTの法則」と呼ばれているものです。完璧な印象ですね。

でも……これで実際に計画をすすめると、思わぬことが起きます。

完璧な目標設定法ほど、実行する人を苦しめる

　ストックホルム大学のマーティン・オスカーソンらの研究チームは、新年に立てた目標をどうすれば達成できるか1年かけて（2017～2018年）実験をしました。※1

　この研究のすごいところは、実験規模です。人気ＴＶ番組の協力も得て、1066名のモニターが1年間付き合ってくれました。目標の種類については、「自分が身につけたい習慣を定着させる」ことに統一しました

　実は研究チームはこのモニターの一部のグループのみに、わざとサポートを厚くしました。前述のSMARTの法則をこっそり教えて、目標設定を強化したのです。

　さらに期間中6回の中間確認を行い、特別メール講座まで行いました。ここまですれば、1年後ダントツで目標を達成していそうですよね。

　しかし……結果は衝撃的でした。

　なんと、このSMARTの法則をしっかり活用した特別グループの目標達成率は、何のフォローもしなかった参加者よりもあきらかに低かったのです！

　なぜこんな現象がおきたのでしょうか？

　研究チームの実験からは、「目標設定の矛盾」が考えられます。

SMARTの法則は完璧なものです。

その通りに目標を作れば、やるべきことは明らかになります。しかし、同時に「できなかったこと」が嫌でも自覚されます。

「やることをやっていない」
「締め切りを守っていない」
「自分との約束を守れていない」

そんな自責の念が日々わいてきます。

6回の中間目標の確認は、それに拍車をかけます。さらにしっかり指導・支援されているというプレッシャーもあるかもしれません。

するとどうしても、自分を「ダメな奴・なさけない奴」と考えるようになり、いつのまにか目標へ向かう気力を失い、結局何もしなくなってしまう人が多いのです。

私自身も高額セミナーや名著に触れ、完璧を目指せば目指すほど何もできなくなる苦しい日々を過ごした経験があります。

私にもつらい時代がありました……。「すべてを100％完璧」にできる人間なんていませんよ。

人は自分をゆるすたびに、前に進める

そこで大切なのは、できなかった自分をその場で**受容する**ことです。「**ゆるす**」ことです。一見すれば逆効果に思えるかもしれません。

そんなあなたに次の事例をご紹介します。

2010年、カールトン大学マイケル・ウォールらは、面白い研究をしました。※2

119名の学生に、テスト直前にこんな短いアンケートを渡します。

「あなたはテスト勉強を先延ばししましたか？」
「先延ばしした自分を嫌いますか？　ゆるしますか？」

思わずドキッとしますよね。

さて、このアンケートの効果がでたのは、次のテスト時です。なんと**最初のテスト時に試験勉強を先延ばしした自分をゆるしていた学生ほど、次のテストでは試験勉強の先延ばしが減っていたのです！**

普通は逆のイメージがありますよね。逃げた自分をゆるさない方が、次はきちんとしそうな感じがします。

でも、人間は面白いものです。自分を責めれば責めるほど罪悪感が生じて、その対象を避けたくなるのです。もう一度

先延ばしした課題に向かうことは、傷をえぐるようなものですから。

だからこそ、間違いをした自分をゆるすことでネガティブな罪悪感が減り、回避衝動を抑えて前進できるわけです。

「こうあるべき」という理想的な計画をもとに自分を責め続けるのが【完璧】主義者だとすれば、こちらは等身大の自分を「ありのまま」に認めて一歩ずつすすんでいく【成長】主義者といえますね。

未来への一歩

【成長】主義者のマインドには、常に「自分への優しさ」があります。この優しさを「セルフ・コンパッション」といい、マインドフルネスのワークを通して、育むことができます。

《参考文献》
※1　Martin Oscarsson,Per Carlbring ,Gerhard Andersson,Alexander Rozental（2020）A large-scale experiment on New Year's resolutions: Approach-oriented goals are more successful than avoidance-oriented goals.PLoS ONE December 9, 2020

※2 Michael J.A. Wohl, Timothy A. Pychyl, Shannon H. Bennett (2010) I forgive myself, now I can study: How self-forgiveness for procrastinating can reduce future procrastination.Personality and Individual Differences 48 (2010) 803-808

A.⑵「自分」をゆるすから、成長できる（成長主義）

Q5 後悔しない人生を生きる ためにはどうしたらいい?

A. (1) 余計なことは考えずにトライアンドエラーを繰り返す
(2) 今、この瞬間を愛せれば、過去と未来を同時に輝か せることができる

答えはP42☞

Intro

「今、この瞬間を生きる」。

一見すれば、ただのカッコいいキャッチコピーです。

しかし、歴史上の賢者は生涯をかけてこの境地を探究して いました。

そして、現在の科学では、「今、この瞬間を生きる」ことの とてつもない効果が分かりつつあります。

Lecture

過去の想起と未来の想像は同じ脳の領域で行われている

2003年、京都産業大学の奥田次郎博士らは驚きの研究を発 表しました。※1　参加者に過去の思い出や遠い未来の想像を話 してもらいながら、その時の脳の様子を撮影しました。

すると驚くべきことに、過去の想起と未来の想像の両方で、 脳の「海馬」が同じように活性化したのです。「海馬」は記憶を

司る領域です。

　私たちは、記憶といえば「過去の出来事の記録映像」のイメージがあります。しかしこの研究でわかったのは、**記憶とは「過去の出来事の断片映像の編集物」であるということです。**

　過去の自分がとらえたバラバラな感覚情報のピースを、今の自分の状況・状態からみて一貫性があるように脳が再構成したものが「記憶」なのです。

　でも、過去の出来事を保存するわけでもないならば、一体何のために私たちの「記憶」は存在するのでしょうか？

Lecture

脳はあなたの未来を描くための器官

　それは「未来を描く材料にする」ためです。

　過去の出来事を参考にして、より良い未来の選択をして生き抜くために「記憶」は存在するのです。ハーバード大学のダニエル・シャクターらは2007年の論文で次のように述べています。※2

「脳は基本的には未来を予測する器官です。過去と現在の情報を使って将来の予測を立てるように設計されています」

　あなたの脳は日々、過去の記憶映像をコラージュして、まるでアルバム作りのように、「未来像」を描いているのです。

Lecture

今この瞬間に愛を感じるほど、過去と未来の映像は鮮明になる

　記憶映像をコラージュするならば、記憶素材がより「高画質」な方が鮮明な未来を描けそうですよね。

　2018年、北京師範大学のシアンカイ・カオらの研究グループは、それを裏付けるような研究結果を発表しました。※3

　77名の参加者にまず、過去の記憶や未来への想像を自由に語ってもらいます。次に、現在の人間関係について愛着を感じているか、それとも先入観や恐れで「不安定さ」を感じているかを調べました。

　結果は面白いものでした。現在、人間関係に愛着を感じている参加者たちは、年齢に関係なく、恋人や配偶者に関する

過去の記憶や未来の想像について、より鮮明なエピソードを語ったのです。話の中の登場人物や風景描写はとてもイキイキとしていました。

他方、「不安定」傾向にある参加者たちは、他人事な薄いコメントばかりでした。

つまり、現在の対象に愛着を感じているほど、脳はその対象に対する過去の記憶と未来の想像の描写をより鮮明にしてくれるのです。

未来への一歩

今＝現在という瞬間に意識を集中し、自分を愛せることは、あなた自身の過去・未来を輝かせることになります。マインドフルネスは、幸せを感じられる方法をあなたに提供するのです。

《参考文献》
※1　Okuda J., Fujii T., Ohtake H., Tsukiura T., Tanji K., Suzuki K., Kawashima R., Fukuda H., Itoh M., Yamadori A. (2003) Thinking of the future and past: the roles of the frontal pole and the medial temporal lobes, Neuroimage, 2003, Aug; 19: 1369-1380.
※2　Daniel L Schacter,Donna Rose Addis and Randy L Buckner(2007)Remembering the Past to Imagine the Future: The Prospective Brain.Nature Reviews Neuroscience 8(9):657-61
※3　Xiancai Cao,Kevin Madore,Dahua Wang,Daniel L Schacter(2018)Remembering the past and imagining the future: attachment effects on production of episodic details in close relationships.February 2018Memory 26(8): 1-11

A.⑵ 今、この瞬間を愛せれば、過去と未来を同時に輝かせることができる

Q6 AIに仕事を奪われないために普段からできることってあるの?

A. (1) 新しいものを生み出し続けるために上手に休息をとる

(2) 取りあえずプログラミングの勉強をはじめてみる

答えは P46 へ

Intro

「AI元年」。これを書いている2023年は、後にそう呼ばれるでしょう。

ChatGPTをはじめとしたAIが急激に一般化し、政府も早急な対応に追われています。いよいよ「AIが人間の仕事を奪う」時代の到来かもしれません。

でも、私は全く心配していません。

人間にはAIすら生み出す、ある1つの「力」があるのですから。

Lecture

人智を超えたAI誕生の裏にあった、人間ならではの力

2016年、AIの進化を世界に知らしめたある事件が起きました。※1 コンピューター囲碁プログラム「AlphaGo(アルファ碁)」が、韓国のグランド・マスターの李世乭(イ・セドル)に大勝

したのです。

　囲碁盤で考えられる石の配置はなんと171桁（今、分かっている宇宙全体の原子数より多いとか！）。AlphaGoはそれを瞬時に判断し、世界最強になったのです。

　「もはや人間はAIに勝てない」。多くの人が震撼しました。

　面白いのはここからです。AlphaGoの開発者デイビッド・シルバーは、チェスなど他の競技にも対応したアップグレード版「AlphaZero」を生み出しました。

　そのアイディアが浮かんだ場所は、研究室ではなく、なんと休暇中だったのです。

　シルバーはインタビューにこう答えています。

　「ハネムーンのときだった。リラックスしていて、安らかな気持ちだった。そうしたらピコンってAlphaZeroのアルゴリズムが突然浮かんだんだよ！」

　そうです！

　「リラックスして休むこと、一旦課題から離れること」。AIの進化の裏には、こんな人間ならではの能力があったのです。

　シルバーはこの経験から、寸暇を惜しんで頭をフル回転させている研究者に「休むこと」を提案しています。

テクノロジーの先駆者の「正しく休む力」

　歴史を変えたテクノロジーの発案者は、「休む」ことに徹底していました。

　アップル創業者故スティーブ・ジョブズは、会社立ち上げ前の直近2年間は、インドを放浪し僧院での瞑想に明け暮れていました。※2

　2年後、ジョブズのすすめで、**Facebook創業者マーク・ザッカーバーグ**も同じ僧院を来訪し、瞑想をしました。

　また、**マイクロソフト創業者ビル・ゲイツ**は、1995年、一人山の中で「インターネットの高波」という論をまとめました。それが後にマイクロソフトの独自のインターネットブラウザの開発につながります。

　ゲイツは今でも年2回、人里離れたコテージにこもり、テクノロジーの未来を考える読書と思索に没頭しているそうです。※3

スティーブ・ジョブズ

私たちを忙しくさせているテクノロジーほど、面白いことに、そのひらめきはゆったりした休みの中で生まれていたのです。

大切なのは、ただ休日を増やすことではありません。

仕事や課題から心がきちんと離れていることが「休むこと」の条件です。

マンハイム大学ザビーン・ゾンンターグ博士は、こうした条件をクリアして休んだ人は、仕事が頭から離れずに休んだ人に比べて、人生の満足度が上がり、仕事の成果も上がっていたと検証しています。[※4]

≋ 未来への一歩 ≋

> AIの時代に求められる力は、「正しく休む力」です。この力がさらに新しいアイディアを生み出し、時代を進めてくれます。
>
> マインドフルネスは、まさに時代の最前線で生きる私たちが現場で使える「休むスキル」です。

《参考文献》
※1 「TIME OFF 働き方に"生産性"と"創造性"を取り戻す戦略的休息術」P.410～413 （著）ジョン・フィッチ マックス・フレンゼン（訳）ローリングホフ育未 クロスメディア・パブリッシング
※2 A. Gowen, "Inside the Indian Temple That Draws America's Tech Titans," Washington Post (October 31, 2015)
※3 https://www.wsj.com/articles/SB 111196625830690477
※4 Sabine Sonnentag (2012) Psychological Detachment From Work During Leisure Time: The Benefits of Mentally Disengaging From Work.Psychological Science 21(2) 114-118

A. (1) 新しいものを生み続けるために上手に休息をとる

第2章

マインドフルネスの
効果・歴史・
11個の科学的検証

「最も科学に愛された
心の健康法」とその誕生

Intro

「最も科学に愛された心の健康法」。

マインドフルネスのここまでの道のりをたどったときに、浮かんできた言葉です。

どんな人にもほとんど安全に効果が約束できる、そこには1人の学者の想いがありました。

本節ではマインドフルネスの成り立ちと歩みを見ていきましょう。

Lecture

お釈迦様も哲学者も使っていた「マインドフルネス」

マインドフルネスという言葉は、東洋学者トーマス・ウィリアム・リス・デイヴィッズが仏教の「正念」を訳したものとされています。※1

「今、この瞬間に意識を集中し気づきを得ること」。

マインドフルネスのこの在り方は太古の昔から多くの賢人が提唱しています。※2

たとえば「ヴィパッサーナ瞑想」という古代インドの修行法があります。ブッダ（お釈迦様）が悟りを得るときに励んだ瞑

想で、一瞬一瞬の体験を「自分が見たいように」ではなく「ただありのままに」観察する、というものです。

　また、古代ギリシアのストア派哲学者エピクテトスは次の言葉を残しています。

　「目の前で『起こること』ではなく、それに応じる自分自身の態度だけをコントロールすることができる。『起こること』が悲惨なのではない。恐れるから悲惨なのだ。それが死であっても」

Lecture

仏教から生まれ、仏教から離れることを決めた
マインドフルネス

　マインドフルネスの思想を医療の現場で最初に活用したのが、分子生物学者ジョン・カバット・ジン教授です。※3

　マサチューセッツ大学付属医療センターに勤務していた彼は日々、慢性的な痛みに苦しむ入院患者さんへのケアを考えていました。そこで思いついたのは、**仏教の修養法の活用**でした。

　ジン教授は大学時代に著名な禅指導者フィリップ・カプロとの出会いをきっかけに、禅とテーラワーダ仏教（上座仏教）について深く学んでいたのです。

　なぜ、慢性的な痛みは通常の西洋医療では解消できないの

でしょうか？

　彼はその原因を痛みの部分に身体的な感覚がとらわれているからではないかと考えました。そして仏教の瞑想により、その感覚をズラして集中の先を変えようとしたのです。

　1979 年、院内のストレス緩和クリニックで世界ではじめてマインドフルネス・プログラムが実施されました。これが「マインドフルネス・ストレス低減法（MBSR）プログラム」のはじまりです。

　彼には 1 つの大きな決意がありました。

　それは**マインドフルネス・プログラムから文化的・宗教的な色彩を排除すること**です。あくまで科学的な検証と自分の臨床例から患者さんのためにベストな手法を作っていきました。

　やがて、慢性疼痛やストレス、不安症、うつ病へ効果があった、という報告が続出しました。

　1990 年に入ると全米に MBSR のクリニックが開かれました。そして MBSR を元にした専門的な派生手法も生まれていきました。

　うつ病の再発予防のために開発された**マインドフルネスに基づく認知療法**（MBCT; Mindfulness-Based Cognitive Therapy）、境界性パーソナリティ障害の心理社会療法として開発された弁証法的行動療法（DBT; Dialectical Behavior Therapy）、不安症、うつ病の改善と併せて禁煙、糖尿病の自己管理などに用いられるアクセプタンス・コミットメント・セラピー（ACT）などが有名です。

仏教の修養法から苦痛の克服を試みた

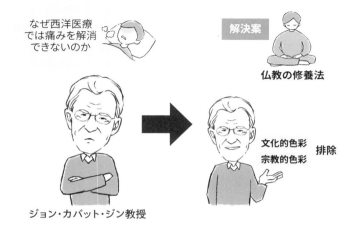

なぜ西洋医療
では痛みを解消
できないのか

解決案

仏教の修養法

文化的色彩
宗教的色彩 排除

ジョン・カバット・ジン教授

Lecture

教育現場にも採用、世界の超一流大学が研究をする

　2000年代初頭には、**教育の現場**にも広がっていきました。資格をもったスクール・ソーシャルワーカー、教員、心理学者が学校の授業の一貫としてマインドフルネス・プログラムを採用したのです。※4

　マインドフルネスは開発当初より学術方面からも好意的に受け止められていました。2006年には、トロント大学のスコット・R・ビショップらにより科学者と医療関係者による公式の定義付けが行われました。

　その結果、「注意」と「受容性」という2つの概念が生まれま

した。※5

　その後もハーバード大学、イェール大学、スタンフォード大学、マサチューセッツ工科大学（MIT）、カリフォルニア大学バークレー校などの名だたる学術機関が実験検証をし、授業プログラムに採用しています。※6

未来への一歩

　マインドフルネスは「最も科学的で安全な心の健康法」と覚えておきましょう。

《参考文献》
※1　http://www.cc.aoyama.ac.jp/~well-being/mindfulness/index.html
※2　『TIME　OFF　働き方に"生産性"と"創造性"を取り戻す戦略的休息術』P.276　（著）ジョン・フィッチ　マックス・フレンゼン（訳）ローリングホフ育未　クロスメディア・パブリッシング
※3　Yutaka Haruki,Rie Ishikawa, Rika Kouno and Yoriko Matsuda(2008)Mindfulness-Based Stress Reduction (MBSR) Program and its Application in Health Psychology.The Japanese Journal of Health Psychology 2008, Vol. 21, No. 2, 57-67
※4　https://www.arlingtonschools.org/Page/22764
※5　Bishop, S. R., Lau, M., Shapiro, S., Carlson, L., Anderson, N. D., Carmody, J., Segal, Z. V., Abbey, S., Speca, M., Velting, D., & Devins, G. (2004). Mindfulness: A proposed operational definition. Clinical Psychology: Science and Practice, 11(3), 230-241
※6　『ブレイン・プラスティシティー　自らを変える脳の力』P.188（著）エリコ・ロウ　プレジデント社

2 トップ・ビジネスパーソンの 必須スキル

Intro

　前述のようにマインドフルネスの歩みは「ファクト（臨床例）」と「エビデンス（科学的根拠）」の地道な積み重ねでもありました。やがて「**グローバル企業**」がマインドフルネスに注目しはじめます。

　癒やしには縁遠い集団に思えますが、日々ストレスの重圧に耐える集団だからこそ、マインドフルネスを必要としたのです。

Lecture

単なる経営者の趣向ではない！ グローバル企業が全社教育として採用

　最初の動きは、大手検索エンジン Google が 2007 年に始めた「**サーチ・インサイド・ユアセルフ（SIY）**」です。主にエンジニアの EQ（心の知能指数）向上のための福利厚生として、**マインドフルネス・プログラム**を採用しました。※1

　結果は大反響で、その評判は名だたるグローバル企業の採用にもつながりました。フェイスブック（現メタ）、P&G、ゴールドマン・サックス、マッキンゼー、アメリカン・エキスプレス、

Yahoo!、フォード、インテル、セールスフォースなどなど。

　もともと瞑想を好み、マインドフルネス的価値観をもった経営者はたくさんいました。

　Apple創業者の故スティーブ・ジョブズは若い頃に禅修行やインド放浪経験があり、重要な公的スピーチでステージに上がる前には瞑想をしていたといいます。※2

　ヴァージン・グループ創始者リチャード・ブランソンは瞑想の大の愛好家であり、自社の飛行機で世界初の瞑想専用フライトを行いました。※3

　また、ツイッター社（現エックス社）の初代社長ジャック・ドーシーは、1日2時間のヴィパッサナー瞑想（p48参照）を日課にし、「まるで水面上にいる」ような感覚で経営判断をしたといいます。※4

　さらに、**マインドフルネス・プログラムは全社教育として採用され、大きな予算が組まれていたりします。**

　たとえば、顧客管理の最大手セールスフォースでは、サンフランシスコのオフィスの各フロアに瞑想ルームを設置しました。

　また世界約180カ所に展開する総合電機メーカーのゼネラル・エレクトリック（GE）では、無料アプリ、ウェビナー、脳トレクラスなど、デジタル・マインドフルネスの数々を利用することができるプログラムが開発されました。※5

　企業によっては、チーフ・マインドフルネス・オフィサー（CMO）という**マインドフルネスを推進する役員ポスト**を設け、組織を挙げてマインドフルネスを推進し、「燃え尽き症候

ビジネスパーソンとしての必須スキル

群」防止に励んでいるところもあります。※6

　マインドフルネスの効果を絶賛する経営者は多く、フォード・モーター・カンパニー再建の立役者ビル・フォード氏は破産宣告を受ける直前の苦難の時期をこう振り返っています。※7

「毎日、瞑想の時間を取ることが重要でした。マインドフルネスを実践することで、最も暗い日々をおだやかに過ごすことができました。また、毎朝、その日に起こるどんなことにも思いやりと優しさをもって対処する『意図を設定する』時間をとっていました」

　日本の企業においては、2015年に前述のGoogleのSIYの上陸を皮切りに企業研修にも浸透しています。2016年夏にはYahoo!が独自の研修プログラムを開発して大きな話題になりました。※8

> **未来への一歩**
>
> マインドフルネスは、「トップ・ビジネスパーソンの必須
> スキル」と覚えておきましょう。

《参考文献》

※1 「組織におけるマインドフルネス推進において有効な方法および注意点の構造化の試み」井出 真菜、太田 智子、寺田 ちさと

※2 Gelles, D. (2015). Mindful work: How meditation is changing business from the inside out. Houghton Mifflin Harcourt.

※3 https://www.virgin.com/branson-family/richard-branson-blog/worlds-first-meditation-flight

※4 https://www.businessinsider.com/twitter-ceo-jack-dorsey-meditation-work-productivity-hacks-anxiety-stress-2021-10

※5 https://www.ge.com/news/reports/ge-putting-mindfulness-digital-industrial-business

※6 https://theorg.com/iterate/the-hottest-new-role-in-tech-chief-mindfulness-officer

※7 https://hbr.org/2013/02/how-to-be-mindful-in-an-unmana

※8 https://project.nikkeibp.co.jp/behealth/atcl/feature/00003/031000083/

グーグルやフェイスブック（現メタ）など、世界
の名だたる企業が「マインドフルネス」を研修に
取り入れているそうですよ。

マインドフルネスとは何か？
その目覚ましい効果とは？

Intro

　「マインドフルネスは、臨床の場でも日常でも効果がある数少ないメンタルヘルスケアの方法です」

　2021年、南オーストラリア保健医療研究所ヨープ・ヴァン・アグテレンらの研究論文の一文です。※1

　この言葉は、過去の代表的なメンタルヘルスケアに関する研究論文（419件累計被験者53,228名）をすべて分析した上での最終結論です。説得力がありますよね。

　だからこそ、安心して**マインドフルネス**を学んでください。

　その一歩としてここでは、マインドフルネスに取り組むための3つのポイントをまとめました。

　〔1〕そもそもマインドフルネスとは何か？
　〔2〕具体的に何をするものなのか？
　〔3〕取り組むとどんな良いことがあるのか？

　それでは順を追って見ていきましょう。

マインドフルネスって結局何？
キーワードは 3 つだけ。

「注意」と「気づき」。

マインドフルネスの根幹を示す言葉です。※2

身体の感覚や呼吸に「注意」を向け、普段無意識に処理していた感情や思考に「気づく」ことがマインドフルネスの基本動作です。

そこで大切なのは、「受容（オープン・モニタリング）」という姿勢です。

新しい経験に気づいたときは、たとえ不快を感じても、先入観で決めつけることなく心を開き、好奇心をもって向かい合います。

そして「今、この瞬間」に意識を集中するトレーニングを重ねることで、自分や周囲に対する優しさが育まれ、世界を観る目が変わり、全く新しい可能性に出会うこともあります。

スコット・R・ビショップはこの流れを「自分の知覚と反応の間に『空間』を入れる作業」と述べています。

1. 注意
2. 気づき
3. 受容！

マインドフルネスは心の筋トレ？
5つの心のアクション

　マインドフルネスは、次の5つの心のアクションにまとめられます。※3

〔1〕観察(心を見つめる)

　今、自分の周りで起きていることや心の中で起きている自分の知覚、感情、思考に気づき、それに注意を向けること

〔2〕描写(表現する)

　自分の感情や感覚、体験を言葉で表現すること

〔3〕意識して行動する(今、に集中する)

　活動に注意を払い、注意散漫にならないようにすること

〔4〕内的経験の非判断(そのまま受け入れる)

　自分の経験、感情、思考について好き嫌い、善悪などをジャッジせず、オープンな気持ちで受け入れること

〔5〕内的体験への非反応(動じない)

　自分の感情、情動、思考に反応することなく、それを知覚し、気づくこと

受容（オープンモニタリング）

先入観

こうした心の動きは、これまでに経験したことがある方も多いでしょう。

この5つの心のアクションを心理測定指標として考案したルース・A・ベアらも次のように述べています。

「マインドフルネスの体験は、マインドフルネス瞑想の経験がない人でも日常的に体験され、その個人差が認められる」

マインドフルネス瞑想などのメソッドを改めて学んでほしい理由は、日常では意識して注意を集中するのは予想以上に困難だからです。

注意が対象からズレた瞬間にきちんと気づき（「モニタリング」と言います）、それを元に戻せるようになる（「シフト」と言います）には、トレーニング（特に瞑想）が必要です。

マインドフルネスの創始者ジョン・カバット・ジン教授は次のように述べています。※4

「マインドフルネスは、運動で筋肉を鍛えるように、注意を調整する方法なのです」
「マインドフルネスはジムに通って、心や体と対話するようなものです」

すなわち一度の特別な神秘体験ではなく、生涯自分の心の成長のために取り組む「心の筋トレ」がマインドフルネスといえますね。

コスパ、タイパが抜群に良い！
科学的お墨付きありの8大効果

では、マインドフルネスの効果はどのようなものでしょうか？　次に紹介する8つはすべて科学的に検証されたものです。※5

〔1〕 うつ病の軽減
うつ病の症状を和らげ、再発予防に貢献します。

〔2〕 感情のコントロールが上手くなる

状況や必要性に応じて、感情を高めたり抑えたりできるようになります。それにより人間関係が上手くいき、ウェルビーイング（良好な心の健康状態）を感じられます。

〔3〕 不安やストレスの軽減

慢性的なストレスは、うつ病や不安症のリスクの増加など、さまざまな健康問題の原因につながることもある重大な問題です。

2016年のブリガムヤング大学のパトリック・R・ステフェンらの研究によれば、**マインドフルネス**は、ストレスとネガティブな気分を明らかに軽減し、他の薬物心理療法と比べて、費用と時間がかからず副作用がないとされています。※6

〔4〕 記憶力向上

記憶に関連する脳の部位である海馬に作用して、加齢による物忘れ防止や学力向上に役立ちます。

〔5〕 認知機能の向上

柔軟で明瞭な思考能力を高めてくれます。

〔6〕 一定時間注意を集中できる力が身につく

周囲の雑念があっても、自分の考えや注意に集中することができます。日常の作業においても1つ1つのタスクに集中し、より効率的に問題を解決することができます。
「切り替え上手」なあなたになれます。

〔7〕より強い人間関係の構築

　仲間の不完全な点や欠点も受け入れやすくなり、対人関係に良い影響を与えます。パートナーの受容、関係満足度、共感、幸福感の向上に役立つとされています。

〔8〕身体の健康増進

　腰痛、関節リウマチ、乾癬、2型糖尿病、線維筋痛症の改善に役立つとされています。※7

　特にマインドフルネスは気分を改善し、ストレスと闘うのに役立つので、慢性的な病気と向き合っている人にも役立つ可能性が大いにあります。

　このようにコスパ（コスト・パフォーマンス）もタイパ（タイム・パフォーマンス）も抜群なのがマインドフルネスなのです。

≋ 未来への一歩 ≋

　次のページから、具体的な人生の場面でマインドフルネスが活用されたケースを11例ご紹介します。いずれも個人の体験談だけでなく、科学的な検証がされたものばかりです。

　あなたの人生にどのように役立つかを考えてみましょう。

《参考文献》

※1 https://whatworkswellbeing.org/blog/what-psychological-interventions-work-to-improve-mental-wellbeing/

※2 Bishop, S. R., Lau, M., Shapiro, S., Carlson, L., Anderson, N. D., Carmody, J., Segal, Z. V., Abbey, S., Speca, M., Velting, D., & Devins, G. (2004). Mindfulness: A proposed operational definition. Clinical Psychology: Science and Practice, 11(3), 230–241

※3 Ruth A Baer, Gregory T Smith, Jaclyn Hopkins, Jennifer Krietemeyer, Leslie Toney (2006) Using self-report assessment methods to explore facets of mindfulness.Assessment. 2006 Mar;13(1):27-45 /「全米トップ校が教える 自己肯定感の育て方」P.166,167 (著) 星友啓 朝日新書

※4 https://www.mindfulness-japan.org/interview-jon-kabat-zinn-amir-imani%EF%BC%89/

※5 https://www.verywellmind.com/the-benefits-of-mindfulness-5205137

※6 Patrick R. Steffen steffen, Tara Austin and Andrea DeBarros (2016) Treating Chronic Stress to Address the Growing Problem of Depression and Anxiety: Biofeedback and Mindfulness as Simple, Effective Preventive Measures.Volume 4 Issue 1, March 2017 Policy Insights from Clinical Science

※7 Elizabeth Cash, Paul Salmon, Inka Weissbecker, Whitney N Rebholz, René Bayley-Veloso, Lauren A Zimmaro, Andrea Floyd, Eric Dedert, Sandra E Sephton (2015) Mindfulness meditation alleviates fibromyalgia symptoms in women: results of a randomized clinical trial.Ann Behav Med. 2015 Jun;49(3):319-30

東洋的なイメージの強いマインドフルネスですが、効能は科学的に証明されているのです！

事例
1

普通のリラックス法との違いが知りたいあなたに

20分×5日だけで得られる
4つの効果

Intro

「マインドフルネスって、心を落ち着かせてリラックスする方法ですよね?」

そう思う方が多いのではないでしょうか。

たしかに、「1人で安全にできるリラクゼーション」としてもマインドフルネス瞑想は優れています。

ただ、決してそれだけではありません。

実はマインドフルネス瞑想はあなたの心身の状態を変え、能力を開花させてくれるのです。それもごく短時間で。

Lecture

5日間1日20分の実践だけで身についた4つの効果

「短期間の瞑想トレーニングで注意力と自己統制力が向上する」。2007年に中国の大連理工大学によるこの研究は、マインドフルネス瞑想がもつ可能性を世界中に教えてくれました。

80名の参加者を2つにわけて、次の課題に5日間取り組んでもらいました。※1

〔A〕1日20分間、**マインドフルネス瞑想を元にしたメソッ
　　ド**を行う
〔B〕1日20分間、当時流行りの**リラクゼーションプログ
　　ラム**を誘導CDで行う

　5日後に参加者に注意力を試す課題に挑戦してもらいまし
た。マインドフルネス瞑想をしたAの参加者は、リラクゼー
ションをしたBの参加者よりも注意力が大きく向上している
ことが分かりました。
　また、自分をコントロールする力も上がり、ネガティブな
気分（不安、怒り、うつ、疲労感など）が減っていることも分
かりました。
　さらに、研究チームは参加者に複雑な暗算問題を制限時間
内で答える課題をやってもらいました。あえて参加者に強い
ストレスを感じてもらうためです。
　その後20分間、それぞれが5日間取り組んだメソッドを
実践してもらい、ストレスレベルの変化を確認しました。
　結果、マインドフルネス瞑想をしたAの方がリラクゼーショ
ンをしたBよりも、ストレスホルモンであるコルチゾールの
分泌が低下していました。
　さらにSIgA（分泌型免疫グロブリンA）が増加していました。
これは、病原体が粘膜に入るのを防ぎ、免疫力の要とされて
いるものです。※2

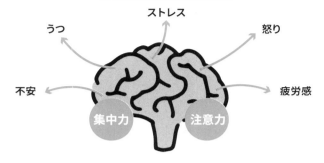

ストレスホルモンの低下

ストレス

うつ　　　　　　　　　怒り

不安　　　　　　　　　疲労感

集中力　　　注意力

　たった5日間1日20分のマインドフルネス瞑想をしただけで、〔1〕課題への注意力が向上し〔2〕ネガティブな感情が減り〔3〕ストレスに強くなり〔4〕免疫力もアップしたのです。

　このような短時間でのたくさんの変化こそが、マインドフルネス瞑想が世界に広まった理由の一つです。

≫≫≫　未来への一歩　≪≪≪

　マインドフルネス瞑想が持つ、たくさんの効果を再確認しましょう。

《参考文献》

※1　Yi-Yuan Tang,Yinghua Ma, Junhong Wang, Yaxin Fan, Shigang Feng, Qilin Lu. Qingbao Yu, Danni Sui, Mary K Rothbart, Ming Fan and Michael I Posner(2007)Short-term meditation training improves attention and self-regulation.Proc Natl Acad Sci U S A. 2007 Oct 23;104(43):17152-6.

※2　「免疫力－SIgAが免疫力の大きな鍵を握っている－」清水 和弘 NSCA JAPANVolume 26, Number 1, pages 18-23

人生の決断力がほしいあなたに

かしこい脳へ
アップデートするには？

Intro

　人生は決断の連続です。

　「あのときに戻れたら……」と決断を悔やむこともあるでしょう。

　実は、挑戦を選択した場合は、「反省」はあっても「後悔」はありません。

　でももし恐怖から「現状維持」を選択すると、その先には「後悔」が待っているのです。

　では、どうすれば後悔のないかしこい決断ができるのでしょうか？

　ここで役立つのが**マインドフルネス**です。

Lecture

扁桃体をおさえて、脳の司令塔を活性化させる

　2022 年、ウィスコンシン大学マディソン校の研究チームは、7 年間の調査データをもとにした画期的な実験を発表しました。※1

　参加者 218 名は、いずれも瞑想未経験者で、特に悩みもない一般の方々でした。参加者を 3 グループにわけて、 8 週間

毎日次のことに取り組んでもらいます。

〔Ａ〕マインドフルネス・ストレス低減法（ＭＢＳＲ）（P50参照）
　　　を行う
〔Ｂ〕食事・運動法や音楽療法といった一般的な健康増進プ
　　　ログラムを行う
〔Ｃ〕特に何もしない

　さて8週間後、参加者の脳の変化を検査しました。結果、
脳の体積や密度についてほとんど違いはありませんでした。
　しかし1点だけ、**マインドフルネスを毎日行ったＡグルー
プは、右扁桃体の体積が減少していた**ことが分かりました。
　扁桃体とは、私たちの恐怖や不安を司り、ストレスに対す
る身体反応のきっかけを作り出す、原始的な部位です。※2 扁
桃体が活性化した状態では、私たちの判断は「たたかうか・逃
げるか」しか思いつかなくなってしまいます。

扁桃体の活動を抑えられると

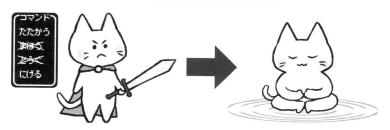

でもこの扁桃体の活動が抑えられると、代わりに「前頭前野」という部位が活性化します。ここは意識、集中、意思決定などの高次の脳機能を司ります。

　つまりより人間的な思慮深い判断を下すことができ、**賢明な行動をとることができる**わけです。

　Ａグループの参加者が毎日のマインドフルネス瞑想に使った時間は 20~30 分程度です。でもその時間投資で、短期間で賢明な脳にアップデートされていたのです。

未来への一歩

　過去のあなたの「誇らしかった決断」と「後悔している決断」を 3 つずつ思い出しその感情を見つめてみましょう。

《参考文献》

※1　Tammi R. A. Kral, Kaley Davis, Cole Korponay, Matthew J. Hirshberg, Rachel Hoel, Lawrence Y. Tello, Robin I. Goldman, Melissa A. Rosenkranz,Antoine Lutz, Richard J. Davidson. Absence of structural brain changes from mindfulness-based stress reduction:Two combined randomized controlled trials. Science Advances, 2022: 8 (20)

※2　https://blogs.scientificamerican.com/guest-blog/what-does-mindfulness-meditation-do-to-your-brain/

事例
3

テストに強くなりたいあなたに

たった2週間で!? 世界的な大学院試験で点数アップ!

―――――― *Intro* ――――――

「テストで良い点数を取りたい！」。

学生の方だけでなく何歳になっても願うことです。

進学でも昇進でも登用でも条件が良いステージに進むには、難しいテストが待ち受けています。それらは単なる暗記ではなく、応用的な読解力も問われます。

ご安心ください。

ここでも**マインドフルネス**はお役に立てます！

Lecture

たった2週間のマインドフルネス瞑想で、大学院試験のスコアがアップ！

2013年、カリフォルニア大学は画期的な研究を発表しました。※1

48名の参加者を次の2つのグループに分けて、2週間次のことに取り組んでもらいます。

〔A〕**マインドフルネス**の講座を受講する

〔B〕日常で活かせる栄養学の講座を受講する

Aに振り分けられた参加者は、期間中、1回45分のマインドフルネス講座に週4回参加しました。

　講座では、呼吸法を通して味や音といった感覚に注意を向けるトレーニングをしました。また毎日10分間、自宅でもマインドフルネスワークをやってもらいました。

　2週間後、参加者は集中力が試される次の2種類の課題に挑みました。

〔1〕　大学院進学への共通試験の言語推論問題
〔2〕　ワーキングメモリ（作業や動作に必要な情報を一時的に記憶・処理する能力）を試す課題

　結果は驚くべきものでした。

　マインドフルネス講座を受けたAグループは、Bグループよりも、「気が散る」思考が少なく、いずれの課題も高いスコアを獲得できていました。

　特に〔1〕大学院進学への共通試験においては、マインドフルネストレーニングをしただけで約16%相当のスコア・アップをしていました。

　研究者は次のように述べています。

　「この結果は、マインドフルネスのトレーニングが、認知機能を改善するための効果的かつ効率的な手法であり、広範囲に及ぶ結果をもたらすことを示しています」

マインドフルネスはただのリラックス方法ではありません。課題をこなすパフォーマンスを改善する、優れた能力開発法でもあるのです。

未来への一歩

あなたが年齢やこれまでの学歴・成績を理由にあきらめている学習はありますか？　もしそれに取り組めた先にはどんな未来が待っていると思いますか？

《参考文献》
※1　Michael D. Mrazek, Michael S. Franklin, Dawa Tarchin,Phillips, Benjamin Baird, and Jonathan W. Schooler(2013)Mindfulness Training Improves Working Memory Capacity and GRE Performance While Reducing Mind Wandering.Psychol Sci. 2013 May;24(5):776-81.

リフレッシュやストレス発散のイメージが強いマインドフルネスですが、仕事や勉強で成果を上げるのに効果的なのです！

何かの依存をやめたいあなたに

禁煙成功率 36% 向上！
依存する自分を乗り越える

Intro

「気づいたら、やっていた」、

「分かっているけど、やめられない」。

現代社会は誰もが何かの依存症です。

たとえばスマホやSNS。あなたはどうでしょうか？

あるいは、一見よい行いにみえる「仕事」や「勉強」でも依存症は発生します。

大好きでやるならば問題はありません。

でも依存症の怖いところは、好き嫌いを考える暇すらなくしてしまうところです。

それは私たちの「お金」「健康」「時間」を奪っていくのです。

でも、ご安心ください。

マインドフルネスはここでもお役に立てます。

Lecture

マインドフルネス瞑想は、
あえて依存する自分を受け入れる

公衆衛生推進団体と米学術チームが発表したリポート「タバコ・アトラス」によると、2019年時点の世界の喫煙率は

19.6%。※1

2002年統計開始以来初の減少です。

ただ一方で調査対象国の半分で10代の喫煙率は上がっており、根深い問題です。主成分のニコチンは強い依存性があり、イイ気持ちにしてくれます。

この手強い誘惑に**マインドフルネス**はどの程度役に立てるのでしょうか？

2011年、イェール大学のジャドソン・ブリューワー博士らは興味深い研究を発表しました。※2

毎日20本以上タバコを吸う重度のニコチン依存患者88名を2グループに分けて、それぞれ4週間、次の治療に取り組んでもらいます。

〔Ａ〕 マインドフルネス療法
〔Ｂ〕 米国肺協会の禁煙プログラム（FFS療法）

4週間後の禁煙成功率を見ると驚くべきことが分かりました。〔Ａ〕マインドフルネス療法に取り組んだ患者の成功率は36%だったのに対して、〔Ｂ〕ＦＦＳ療法に取り組んだ患者の成功率は17%にとどまりました。

さらに17週間後に再調査をすると、Ａの患者は31%が禁煙を継続できていたのに対して、Ｂは6%だったのです。

すなわち**マインドフルネス療法を受けた患者ほど禁煙に成功し、それが長く続いていたのです。**

マインドフルネス療法の効果

　なぜこんな現象が起きたのでしょうか？　パデュー大学の
ユージン・チャンらは2021年、この謎にせまりました。※3
　禁煙に興味のある学生98名に商品モニターの名目で2つの
エクササイズ音源を聞いてもらいました。

〔Ａ〕マインドフルネス音源（呼吸に集中するエクササイズ）
〔Ｂ〕マインドワンダリング音源（自分の思考に身を任せる
　　　エクササイズ）

　その後にあえて大好物のタバコに関する写真をみせて、喫
煙衝動をどれくらい感じたかを聞きました。結果は面白いも
のでした。
　喫煙衝動自体は両者に差がなかったものの、**マインドフル
ネス音源を聞いたＡの方がそうでないＢよりもわき上がる喫
煙衝動を受け入れた上で、その欲求に抵抗する意思を見せて**
いました。

その意思は素晴らしい形で現実化されました。

翌週の喫煙本数はマインドフルネス音源を聞いたＡの方はそうでないＢよりも約25％も少なかったのです。

――― 未来への一歩 ―――

　あなたが依存しがちなものは何でしょうか？　もしその依存をやめることができたら、どれほど1）お金、2）時間、3）カラダと心の健康、への負担が減るでしょうか？

《参考文献》

※1　https://jp.reuters.com/article/global-cigarettes-decline-idJPKCN2N50C0

※2　Judson A. Brewer,* Sarah Mallik, Theresa A. Babuscio, Charla Nich, Hayley E. Johnson, Cameron M. Deleone, Candace A. Minnix-Cotton, Shannon A. Byrne, Hedy Kober, Andrea J. Weinstein, Kathleen M. Carroll, and Bruce J. Rounsaville(2011)Mindfulness Training for smoking cessation: results from a randomized controlled trial.Drug Alcohol Depend. 2011 Dec 1; 119(1-2): 72–80

※3　Eugene Y. Chan(2021)Mindfulness and smoking frequency: An investigation with Australian students.Addictive Behaviors Reports　Volume 13, June 2021, 100342

職場のストレスに負けたくないあなたに

次々と起こる7つの変化

Intro

ストレス、不安、幻滅……。

職場で働くビジネスパーソンの多くがひそかに抱えている
ものです。

2019年、世界保健機構（WHO）は、国際疾病分類のうち
「うまく管理されなかった慢性的な職場ストレスから生じる症
候群」として、**「燃え尽き症候群」**を定義しました。[※1]

この問題は働く方すべての人生を左右するものです。

でもご安心ください。

マインドフルネスはここでもお役に立てます。

Lecture

マインドフルネス瞑想を導入した社員の7段階の変化

2018年、心理学者ルース・シムズ・エリス博士らはこんな
調査を行いました。[※2]

ある職場に8週間のマインドフルネスプログラムを導入し、
21名の職員に受講中の変化を細かく聞きました。

職員の参加理由は様々でした。「ただ興味があったから」と
いう方から「ストレスからなんとか回復したい」と願う方もい

ました。しかし、どの方もプログラム中に確実な変化を見せていました。

　変化は次の7段階に分けられました。

段階1　共鳴

　ストレスを感じているのは自分だけではなく、みんなも同じなのだと気づく。

段階2　セルフケアの正当化

　自分の心の健康は自分でなんとかしないといけないものだと気づく。セルフケアに自己投資しようと考える。

段階3　自己認識の目覚め

　自分のカラダ、思考、感情について「今何が起きているのか」に気づけるようになる。

段階4　発見－選択－機会

　普段の仕事中にもストレスを感じる瞬間とその時のカラダの反応が分かるようになる。その上ですぐに対処するか、時間をかけて見つめるかを選べるようになる。

段階5　上昇スパイラルに入る

　実際の日常生活の中で学んだ**マインドフルネス**の概念を試してみるようになる。普段のルーティンの一部にしたり、出来事をマインドフルネス的にとらえるようになった。

段階 6　主体性の回復

　仕事量に圧倒されたり、緊急事態のときでも意識して自分の心をコントロールし、対処できるようになる。ピンチのときでも心を明晰にして、主体的に物事に取り組めるようになる。

段階 7　自分の中に安定を見出す

　自分の中にいつでも戻ることのできる自宅のような「安定感」を見出すことができる。自分との新しい関わりができ、何が起きても受け入れる自信を持つことができる。

　マインドフルネスはこのように出来事との関わり方を確実に変えて、問題解決に向かう強さを育んでくれます。

　専用のトレーニングをする予算がない職場も多いかもしれません。でもご安心ください。

　組織行動学者アンドリュー・ハーフェンブラックの研究によれば、たとえばキツそうな仕事の前に 8 〜 15 分程度呼吸に集中してみるだけでパフォーマンスが向上するといいます。※3

　大切なことは、経営者がスタッフのマインドフルネスに使う時間を奨励するかどうか、かもしれないですね。

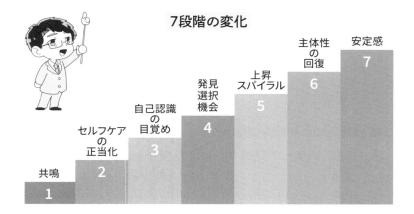

7段階の変化

1 共鳴
2 セルフケアの正当化
3 自己認識の目覚め
4 発見選択機会
5 上昇スパイラル
6 主体性の回復
7 安定感

未来への一歩

あなたが職場でストレスや不安を感じるのはどんな場面ですか？　もしその場面を上手く乗り越えられるようになったら、どれくらい価値があると思いますか？

《参考文献》
※1　https://www.who.int/news/item/28-05-2019-burn-out-an-occupational-phenomenon-international-classification-of-diseases
※2　Siobhan Hugh-Jones,corresponding author Sally Rose,Gina Z. Koutsopoulou,and Ruth Simms-Ellis(2018)How Is Stress Reduced by a Workplace Mindfulness Intervention? A Qualitative Study Conceptualising Experiences of Change.Mindfulness (N Y). 2018; 9(2): 474-487.
※3　Andrew C. Hafenbrack(2017)Mindfulness Meditation as an On-The-Spot Workplace Intervention.Journal of Business Research Volume 75, June 2017, Pages 118-129

教育に携わるあなたに

77〜90%⁉ マインドフルネスのすごい授業効果！

Intro

　ITの普及により教育の形は変わりつつあります。

　人工知能（AI）が発達すれば学校はいらなくなる可能性もでてきます。

　でも学校で子どもたちが学べるのは、教科書の知識だけではありません。

　実は**マインドフルネス**を学ぶことは、生徒の成長に大きな意味があります。そして何よりも先生方の心の支えにもなりうるのです。

Lecture

マインドフルネスができる子どもほど、成績が良く出席率が良い

　2019年、世界のトップクラスの教育機関マサチューセッツ工科大学（MIT）のチームは画期的な研究を発表しました。※1

　100名の小学6年生を2グループに分け、8週間それぞれ次のことに取り組んでもらいます。

〔Ａ〕 マインドフルネスプログラムを行う
〔Ｂ〕 コンピューターのプログラミングの授業を受ける

Ａグループでは、呼吸に集中して、過去や未来ではなく「今、この瞬間」に注意を払うことを意識してもらいました。

8週間経過後のアンケートでは、このＡグループの子どもたちのみがストレスレベルが下がり、悲しみや怒りといったネガティブな感情を感じにくくなったと回答しました。

さらに驚くべき発見がありました。

実験前、ストレスを感じやすいと言っていた子どもは、怖い顔の写真をみると、脳の扁桃体が活性化していました。

しかしＡマインドフルネスプログラムを受けた後では、扁桃体の反応が小さくなっていたのです。

同チームは次に、5〜8年生(日本では小学5年生から中学2年生)2,000名に**マインドフルネスに関する質問票に回答**してもらいました。研究チームは、アンケートの結果を、生徒の成績、州全体の標準テストの点数、出席率、停学になった回数と比較しました。

マインドフルネスを自然に実践していた生徒ほど、成績やテストの点数が良く、欠席や停学も少ない傾向にありました。

研究チームは次のように考察しています。

「これらの結果を総合すると、学校でマインドフルネストレーニングを実施すれば、多くの生徒が恩恵を受けられると考えます」。そしてもし実施するならば通年で行い、「**心のトレーニングとして継続して取り組む必要がある**」と述べていま

す。なお、**マインドフルネスは先生にとっても恩恵があるよ**うです。

　アメリカのNPO法人Mindful Schoolsの調査によると、マインドフルネスプログラムを一緒に受けた先生たちへの調査では、次のような目覚ましい効果が確認されました。※2

　　90%：ストレスが軽減し、セルフ・コンパッション
　　　　　（自分への思いやり）が増えた
　　82%：生徒とより深くつながれるようになった
　　80%：カリキュラムの指導が精神的に楽になった
　　77%：仕事への満足度がアップした

〰 未来への一歩 〰

　もし小学校の頃からマインドフルネスの授業があったら、子どもたちはどのように変わると思いますか？
　あなた自身が子どもだった頃を思い出してみましょう。

《参考文献》
※1　Clemens C. C. Bauer, Camila Caballero, Ethan Scherer, Martin R. West, Michael D.
Mrazek, Dawa T. Phillips, Susan Whitfield-Gabrieli, John D. E. Gabrieli(2019) Mindfulness
training reduces stress and amygdala reactivity to fearful faces in middle-school children.
Behavioral Neuroscience, 2019
※2　https://www.mindfulschools.org/

アイデア・発想が欲しいあなたに

10分で創造性が2割増し！

Intro

「新しいアイデアが出てこない」「考えれば考えるほど、前と
同じ案になってしまう」――。

社会人新人から業界最前線の経営者まで多くのビジネス
パーソンがもつ悩みです。

昨今の人工知能（AI）はこの悩みを解決すると期待されて
います。でもテクノロジーの進化に頼らなくても、たったの
10分後にアイデアを生み出す方法があります。

それが**マインドフルネス**です。

 Lecture

10分間の時間投資で創造性が2割増しになる！

オランダのエラスムス・ロッテルダム大学で行われた実験で
す。※1

129名の参加者にお題を出して、アイデア会議をしてもら
います。お題は、「ドローンを使ったビジネスモデルをできる
だけ多く出してください」です。

参加者は次の3チームに分かれました。

〔Ａ〕アイデア会議の前に、10分間マインドフルネス瞑想を音声ガイド付で行う

〔Ｂ〕同じく事前に瞑想はするが、**マインドフルネスとは真逆の内容を行う**

〔Ｃ〕事前には何もせず、すぐにアイデア会議をはじめる

結果として、出てきたアイデアの量はどのチームも同じくらいでした。しかしその質はマインドフルネス瞑想をしたＡチームが際立っていました。

他のチームが「配達」や「撮影」などありきたりな案にとどまるところ、「キリンの餌やり」などユニークなアイデアが飛び出していました。**アイデアの多様性を採点すると、他のチームと比較して約22%も高かったのです。**

さらに実験前後の参加者の感情度合いを分析すると面白いことが分かりました。

マインドフルネス瞑想をしたＡチームは、実験前後を比べると、不安が23%、心配が17%、苛立ちが24%、減少していたことが分かりました。

わずか10分、マインドフルネスをするだけで、アイデアも意思決定も気分の度合いも改善されるのです！

未来への一歩

あなたが今一番悩んでいることは何でしょうか？
ずっと考えているけど、答えが出ない問題は何でしょう
か？　まずはマインドフルネスをためしてみませんか？

《参考文献》
※1「ハーバード・ビジネス・レビュー　マインドフルネス」P.94〜96　ハーバード・ビジネス・レビュー編集部　ダイヤモンド社

根を詰めてもうまくいきません。行き詰まったときは、手を止めて本書で解説しているマインドフルネスを実践してみましょう。

「優しさ」を育みたいあなたに

4歳児も大人も。
「愛」も「肯定感」もアップ

Intro

「人の痛みの分かる優しい人に育ってほしい」。

親が子に願うことの1つです。

「優しさ」は決して「弱さ」ではなく、自分以外の存在を我がことのように思える「強さ」です。これからの「共感」型社会では、「優しさ」は必須スキルになるはずです。

では、一体「優しさ」はどのように育めばよいのでしょうか?

小さいお子さんにも、そして大人にも役立つ方法が**マインドフルネス**です。

Lecture

4歳児で実証!
マインドフルネス瞑想で優しく賢い子になれる

2015年、ウィスコンシン大学マディソン校のリサ・フロックらはこんな素敵な研究を発表しました。※1

4歳児の幼稚園生68名の一部に「**マインドフルネスに基づくやさしさカリキュラム**」を2週間体験してもらいます。

これは、童話や音楽や運動を通して、「思いやり」や「感謝」の心を育むものでした。

　さて体験後、研究チームは子どもたち全員にステッカーをプレゼントしました。そして「これを好きなだけお友達にあげていいよ」と伝えました。

　結果として、マインドフルネスプログラムを受けた子どもたちは、そうでない子どもたちよりもたくさん友達に自分のステッカーを分け与えていました。また発想の柔軟性や我慢強さも育まれていました。

　もう1つ面白い発見がありました。

　3ヶ月後にあった学力・発育・情動測定の結果もマインドフルネスプログラムを受けていた子どもたちの方が高い成績をおさめていたのです。

　これはマインドフルネスプログラムによって、子どもであっても自分の思考や感情をコントロールする力が身につき、社会脳が成長したことを意味しています。

大人でもマインドフルネス瞑想で「思いやり」を育むことができる

　では、大人の場合はどうでしょうか？

　この点を追求したのが、2012年、マックス・プランク認知脳科学研究所のタニア・シンガーです※2

　194名の参加者に「前向きな楽しい感情体験」もしくは「後ろ向きの苦しい感情体験」をしている人が登場する短編動画

を見てもらい、その時抱いた自分の感情を教えてもらいます。その後に2グループに分かれて、各々次の訓練を受けてもらいます。

〔Ａ〕 慈悲力がアップするマインドフルネス瞑想
〔Ｂ〕 記憶力がアップするメンタルトレーニング

　慈悲力とは「他人の苦しみに関心を持ち、その苦しみを和らげたいと思うときに経験する感情」とされています。単に相手の気持ちを共有したいという共感よりも一歩踏み込んだ感情です。「思いやり」とも言えますね。

　さて、その後再び短編動画を見てもらうと、興味深い変化が起きました。

　「後ろ向きの苦しい感情体験」をする人の動画を見たときに、慈悲力をトレーニングしたＡの参加者は、よりポジティブな感情を保っており、登場人物の苦しみに寄り添いを見せていました。

　さらに視聴中の脳の活動を調べると、「愛」「所属欲求」「肯定感」を司る脳の領域が活性化していました。

　すなわち思いやりを意識してトレーニングすると、他者の**苦痛に直面したときでも、肯定的な感情をもって相手に寄り添えるようになるのです。**

　　　　　未来への一歩

　あなたがこれまでで一番「優しさ」を発揮したのはどんな時でしたか？　また、他人から「優しさ」を受けた時はどんな時でしたか？

《参考文献》

※1　Lisa Flook, Simon B. Goldberg, Laura Pinger, and Richard J. Davidson (2015) Promoting prosocial behavior and self-regulatory skills in preschool children through a mindfulness-based Kindness Curriculum.Dev Psychol. 2015 Jan; 51(1): 44-51.

※2　Olga M. Klimecki, Susanne Leiberg, Claus Lamm and Tania Singer (2012) Functional Neural Plasticity and Associated Changes in Positive Affect After Compassion Training. Cereb Cortex. 2013 Jul;23(7):1552-61

忙しい毎日を送っていると、無意識のうちに、あなたの思いやりが失われていることもあります。マインドフルネスで優しい気持ちを取り戻してください。

円満なパートナーシップを望むあなたに

パートナーと
もっとうまくいく

Intro

　「幸せな結婚」に憧れていても、いざ結婚生活が始まると、お互いの嫌なところが見え、葛藤が生まれることがあります。最終的には結婚生活の破綻につながることもあるかもしれません。

　2000年にワシントン大学のジョン・ゴットマン博士は、「新婚カップルの1時間の会話の様子で、4〜6年後の離婚率を【87％】予測できる！」と提唱し、世間を驚かせました。※1
　博士の調査では、その後円満な夫婦関係が続いたカップルほど会話の答え方が短く、ほとんど一言に近かったとのことです。

　意外ですよね。その理由は、お互い普段から本心を分かち合っており、調和が取れた関係でいることにありました。
　さて、**マインドフルネス**はこうした関係性作りにどれくらい役立つでしょうか？

愛する相手の「ちょっとなぁ……」が
受け入れられて、円満に。

2021年、マレーシア科学大学の研究チームはユニークな研究を発表しました。※2

婚姻している夫婦156組に、「経済的な満足度」と「マインドフルネスの実践度合い」をアンケートしました。

マレーシアは多民族国家です。参加した夫婦は、中国系やインド系のカップルも多数いました。また婚姻期間もバラバラでした。結婚生活1年以下のカップルから、16年以上継続しているカップルもいました。

アンケートを分析してまず分かったのは、「夫婦の関係の満足度」と「経済的な満足度」が関係していた点です。

でも、その上で研究チームが発見したのは、経済的な環境要素以上に**個々人が持つマインドフルネス的な特性が夫婦関係の満足に大きな影響を持っていた**ことでした。

マインドフルネスとは、今、現在の自分の思考や周囲の環境に注意を向け、「今、という瞬間」を意識し続けることです。

だからこそ、マインドフルネス的な心がけを実践している人ほど、夫婦間が葛藤でギクシャクしたときでも、自分の思考を見つめ直すことができます。

過去の話の蒸し返しや飛躍した将来の想像に意識が向くことなく、今、現在の相手の状況の理解につとめ、本当の課題を明らかにすることができるのです。

　こうした**マインドフルネス**が持つパートナーシップへの効果は多くの実験で確認されています。

　2018 年、カリフォルニア大学のサラ・アルゴーらの調査では、普段からマインドフルネス的な心がけのある人ほど、パートナーとの会話の中で相手の思いをくみ取るのが上手く、それが円満の秘訣であることが分かりました。※3

　また、同年にラドバウド大学のゲサ・カッペンらの調査では、普段からマインドフルネス的な心がけのある人ほど、パートナーの不完全な部分も含め受容するのが上手く、それが円満の秘訣であることが分かりました。※4

パートナーの理解に役立つことも

本当はこうして
ほしいんだ……

教えてくれて
ありがとうね

さきほどのマレーシアの研究チームは自信をもって次のように述べています。

「**マインドフルネス**は、マレーシアの既婚カップルの長く円満な関係を決める最重要要素です」。もちろんこれは日本でも変わらないと言えるでしょう。

～～ 未来への一歩 ～～

> あなたのパートナー（配偶者、恋人）の大好きな部分と「これはちょっとなぁ……」と思う部分はどんなところでしょうか。そこも受容していますか？

《参考文献》
※1 Sybil Carrére,Kim T. Buehlman,John M. Gottman and James Coan(2000)
Predicting marital stability and divorce in newlywed couples.April 2000Journal of Family Psychology 14(1):42-58
※2 Athirah Yasmin Mohd Shakir,Dzilal Abdul Aziz and Suwathi Carmergam(2021)
Financial well-being, mindfulness and marital duration as predictors of relationship satisfaction among married couples in Malaysia.Polish Psychological Bulletin2021, vol. 52(4) 322-326
※3 Kathryn C. Adair, Aaron J. Boulton & Sara B. Algoe (2018) The Effect of Mindfulness on Relationship Satisfaction via Perceived Responsiveness: Findings from a Dyadic Study of Heterosexual Romantic Partners.Mindfulness volume 9, pages597-609 (2018)
※4 Gesa Kappen, Johan C. Karremans, William J. Burk & Asuman Buyukcan-Tetik (2018) On the Association Between Mindfulness and Romantic Relationship Satisfaction: the Role of Partner Acceptance.Mindfulness volume 9, pages1543-1556 (2018)

打たれ強さがほしいあなたに

たった、0.6秒で
集中脳が作れる！

Intro

「1回嫌なことがあると、長く引きずってしまう」、
「ここぞという場面でいつも引っ込んでしまう」。

　打たれ強さや集中する力を求める人はたくさんいます。ささいなことは気にしないパワフルさは憧れますよね。

　マインドフルネスはこんなときにもお役に立てます。

Lecture

わずか0.6秒で集中力を高める脳波
アルファ波が出現！

　2011年、ハーバード大学医学部のキャサリン・カーらはとても意義ある研究を発表しました。※1

　瞑想経験のない16名の参加者の一部には8週間の**マインドフルネス**のトレーニングを受けてもらい、未経験者との反応の違いを調べます。参加者の一部が受けたのは、**マインドフルネスに基づくストレス解消法（MBSR）**（p50参照）という訓練です。

　訓練を受けた参加者は、瞑想中に全身に注意を払い特定の部分の感覚を一時停止する経験を積みます。すると、普段な

らゴチャゴチャわいてくるネガティブな思考に気が散らなくなるのです。

　訓練は最初の2時間半の実習の後、毎日45分間の自主的な瞑想が課されました。8週間の訓練後、研究チームは参加者に装置をつけ、触覚刺激をおくりました。

　すると、訓練をした参加者には**わずか0.6〜0.8秒後に脳に強いアルファ波が出現した**のです！　この出現は、瞑想訓練をしなかった参加者にはほとんど見られませんでした。

　脳は活動にともない、波のような信号が生み出します。アルファ波はそのうち8〜12Hzの周波数をもつものです。※2

　アルファ波が出るとき、人は安らいでリラックスしています。

　そして普段より「無関係な情報」や「気を散らすような感覚」を抑制することができるようになります。

　これにより**周囲の雑音やささいな刺激を気にしない「打たれ強さ」と「集中力」**が育まれます。

　なお、後に発表された論文調査によって、マインドフルネス瞑想中はアルファ波に加えて、さらに深い集中状態を生み出すシータ波（4〜8Hz）も出現することが分かりました。※3

未来への一歩

> 「あのときもう少しがんばっていたら……」という思い出はありますか？　もしあと一歩の勇気が持てるとしたら、やってみたいことは何ですか？

《参考文献》

※1　Catherine E. Kerr , Stephanie R. Jones, Qian Wan, Dominique L. Pritchett, Rachel H. Wasserman , Anna Wexler, Joel J. Villanueva, Jessica R. Shaw, Sara W. Lazar, Ted J. Kaptchuk, Ronnie Littenberg, Matti S. Hämäläinen, Christopher I. Moore（2011）Effects of mindfulness meditation training on anticipatory alpha modulation in primary somatosensory cortex.Brain Research Bulletin Volume 85, Issues 3–4, 30 May 2011, Pages 96-103

※2　https://www.verywellmind.com/what-are-alpha-brain-waves-5113721

※3　Tim Lomas,Itai Ivtzan,Cynthia H Y Fu(2015)A systematic review of the neurophysiology of mindfulness on EEG oscillations. Neurosci Biobehav Rev. 2015 Oct;57:401-10

つらい体験をすると、夜眠れなくなったり、仕事や勉強が手につかなくなることってありますよね……。そんな時はマインドフルネス！

高齢化社会を共に歩むあなたに

脳に投資をしよう！
年を重ねることも怖くない

Intro

現在の日本は世界にも例のない高齢化社会です。

人口の約3割が65歳以上の高齢者となり、100歳以上の長寿の方がなんと9万人もいます。※1

とてもめでたいことであると同時に、認知症などの脳の機能低下の増加も心配になります。

そこでお役に立てるのが**マインドフルネス**です！

Lecture

「年をとると忘れっぽくなる……」にとても効果的！

「年をとると忘れっぽくなる」、誰もが痛感することです。

実は、年齢に関係なく「記憶違い」自体は起きます。

この原因は、昔の記憶を取り出そうとするときに別の記憶と混じってしまうからです。特に多いのが、古い記憶が新しい記憶を邪魔するという「プロアクティブ干渉（以下「事前干渉」）」です。※2

この点について2019年、ハーバード・メディカル・スクールのチームは画期的な研究を発表しました。※3　テーマは、ズバリ、「**マインドフルネス**に取り組むことで、事前干渉を減

らせるか？」。

　79名の参加者を2グループに分けて、4週間次の課題に取り組んでもらいます。

　　〔A〕 マインドフルネスプログラム
　　　　　（呼吸を通して今の自分に集中する）
　　〔B〕 文章創作プログラム
　　　　　（様々な長さの文章の書き方を学ぶ）

　期間満了後、参加者の脳内画像を測定するとマインドフルネスプログラムに取り組んだAグループの参加者は、文章創作プログラムに取り組んだBグループの参加者よりも大幅に事前干渉を抑えていました。

　マインドフルネス瞑想は過去の出来事にとらわれずに現在の自分に集中する行為なので、これは大いに納得ですよね。

　さらに驚くべきことが分かりました。

　マインドフルネス瞑想に取り組んだAの参加者達は、脳の記憶を司る左側の海馬の体積が増えていたのです！

　マインドフルネス瞑想があれば、年を重ねることも怖くないと思えますね。脳にとって最高の投資となります。

　この研究成果は、うつ病、トラウマ、PTSDに苦しむ方など海馬の体積が小さくなる傾向にある方の治療にも大きな希望になるとされています。

日常的な瞑想の習慣があると、
脳の衰えがゆるやかになる

　日記、ラジオ体操、散歩など、年を重ねてさらに、ご自身の心身のために健康習慣を持つ方もいます。とても素晴らしいことです。実はそこに「瞑想習慣」を加えると、脳の健康にも良いと言えるでしょう。

　2015年、カリフォルニア大学のアイリーン・ルーダースらはとても意義のある研究を発表しました。※4

　瞑想習慣がある方50人と全くない方50人を集めて、その脳の様子を調べました。参加者の年齢は24〜77歳と幅広いものでした。

　研究チームが注目したのは、「灰白質（かいはくしつ）」という神経組織です。ここは加齢の影響が最も出やすく、脳年齢を測るときに活用されています。

　検査の結果、どの人も加齢により「灰白質」の一定の衰えは確認されました。でも大切なのはここからです。

　瞑想習慣のある方たちは、全くない方たちに比べて加齢に伴う灰白質の減少がゆるやかだったのです！

　一体なぜこんな現象が起きるのでしょうか？

　研究チームは、瞑想でストレスレベルが下がることで脳の炎症が抑えられて、ストレスに弱い海馬などを守ることができたからと考えています。

未来への一歩

　ご自身の健康への投資として、マインドフルネス瞑想を日常の習慣にしませんか？　次章からは、いつでもできるマインドフルネスワークをご紹介します。

《参考文献》

※1　https://www3.nhk.or.jp/news/html/20220916/k10013820731000.html

※2　https://askanydifference.com/ja/difference-between-proactive-and-retroactive-interference/

※3　Olga M. Klimecki, Susanne Leiberg, Claus Lamm and Tania Singer（2012）Functional Neural Plasticity and Associated Changes in Positive Affect　After Compassion Training. Cereb Cortex. 2013 Jul;23(7):1552-61

※4　Eileen Luders, Nicolas Cherbuin　and Florian Kurth(2015)Forever Young(er): potential age-defying effects of long-term meditation on gray matter atrophy.Front. Psychol., 21 January 2015 Sec. Cognition Volume 5 – 2014

次の章からは、いよいよマインドフルネスの実践法を解説していきますよ！

第3章

マインドフルネス・ワーク
大全

「マインドレス」から「マインドフルネス」へ
「反応」から「対応」へ

　本章では、いよいよ実際のマインドフルネス瞑想の方法を
ご紹介していきます。

　そこでまずは重要キーワードの解説をします。できるだけ、
専門用語は使わずに、わかりやすい実践とあなたの人生の変
化に関わるものに絞りました。

「マインドフルネス」と「マインドレス」の違いとは？

マインドフルネスには2つの重要なAがあります。

「気づき（Awareness）」と
「注意（Attention）」です。※1

　私たちは、自分の内外から何かの刺激を与えられれば、そ
の刺激に意識が向きます。この状態が「気づき」です。さらに、
その中の特定の刺激に意識して向き合う状態が「注意」です。
　両者は自然に連動しています。でも、実際はしばしばその
間に壁が生まれます。

　人は何か刺激を受けると、反射的に感情や思考がわいてきて、それらが邪魔するのです。

　このように刺激に「気づいている」けど「注意」がさまたげられている状態を「マインドレス」といいます。「気もそぞろ」「ソワソワする」といった状態です。

　そして、しっかり「注意」をとどめている状態が「マインドフルネス」です。

　この違いをよりリアルな事例でみてみましょう。

Lecture

人の眼は開いたままでも、心は瞬いている

　2002年、ユタ大学では驚くべき運転実験を行いました。※2

　13名の参加者に視線追跡装置をつけ、運転シュミレーションゲームをしてもらいます。参加者の一部はハンズフリーの携帯電話で通話をしながら、運転します。仮想空間の道路には、様々なデジタルの看板広告が置かれています。

　さて、ちょっと考えてみましょう。

　ハンズフリーの携帯電話を使っていても、前方をしっかり見ている点は、通常の運転手と同じです。したがって、目に入る看板広告に差はないはずです。

　事実、視線追跡装置上では、どの運転手も0.1秒以上すべての看板広告の中心に視点を向けていました。

　しかし、結果は驚くべきものでした。なんと、**ハンズフリー**
の携帯電話で通話をしながら運転していた人は、そうでない
運転者の【半分以下】の数しか看板広告を認識していませんで
した。

　目に見える対象に「気づいている」が、注意が向いておらず、
しっかり認識できていないということです。

　脳の画像化研究の第一人者スタニスラス・ドゥアンヌは次の
ように言います。

「人の眼は開いたままでも、心は瞬（またた）いている」※3

　眼で見ていても、心では見えたり、見えなくなったりして（瞬
き）認識しているとは限らない、人は注意が向いていないも
のは目に映っていても見えておらず、存在していないと同じ
なのです。

マインドフルネスで
「反応」の人生から「対応」の人生へ！

　注意が向いていない「マインドレス」な状態では、起きた出来事に対して建設的な対処をすることはできません。

　何もせず見過ごしてしまうか、瞬間的にそれまでと同じパターンで行動するしかありません。これを「**反応**」といいます。

　これに対して、しっかり出来事に注意が向いた「**マインドフルネス**」な状態では、出来事に集中して、適切な対処方法を考え実行することができます。こちらを「**対応**」といいます。

　どちらが良いかは明白です。もちろん「対応」ですよね。

　マインドフルネス瞑想を続けることで、**目の前の出来事に注意を向けることができるようになり、「反応」ではなく「対応」を選べるようになる**のです。

　ハーバード・メディカル・スクールのロナルド・D・シーゲル博士は言います。

　「多くの人は、もっとリラックスしたいと思ってマインドフルネスの実践を始めますが、最終的には、人生の課題に対する取り組み方が大きく変わります」※4

　あなたの人生の中で「マインドレス」な状態で「反応」的な行動をしてしまった経験はありますか？

　もし、そのとき「マインドフルネス」な状態で「対応」できたら、どれだけ良かったと思いますか？

《参考文献》

※1　藤野正寛、梶村昇吾 、野村理朗「日本語版Mindful Attention Awareness Scaleの開発および項目反応理論による検討」パーソナリティ研究2015　第24巻　第1号　61-76

※2　David L Strayer,Frank Drews and William A Johnston(2003)Cell Phone-Induced Failures of Visual Attention During Simulated Driving.Journal of Experimental Psychology Applied 9(1):23-32

※3　『脳はこうして学ぶ：学習の神経科学と教育の未来』P.209　（著）スタニスラス・ドゥアンヌ（訳）松浦俊輔　森北出版

※4　https://www.health.harvard.edu/mind-and-mood/breath-meditation-a-great-way-to-relieve-stress

マインドフルネスな状態であれば適切な対処が実行できます。

2 「今」の自分を知ること

Intro

「マインドフルネスを実践するには、自分の全存在をそのプロセスに持ち込む必要があります。ただ瞑想の姿勢をとっただけで、何かが起こると思ってはいけないのです」

マインドフルネス瞑想の創始者ジョン・カバット・ジン博士の言葉です。※1

マインドフルネスは、前述のように科学的に立証された様々な成果があります。でも、それだけを期待して始めることは、かえって本旨からそれてしまいます。

マインドフルネスの究極のゴールは、「自分以外の何者かになる」ために「今、ここではないどこか」を目指すことではありません。

「今の自分自身」をありのままに受け入れることにあります。

そのために、ジン博士が提唱した7つの心構えをご紹介します。

マインドフルネス実践の 7 つの心構え

1. Non-judgment（裁かない）

「これはつまらない」

「これはうまくいかない」

「私には向かない」

「こんなことやって意味あるの？」

マインドフルネス瞑想中に必ず出てくる心の声です。

とくに初心者の方は、なんとも言えない居心地の悪さを感じるでしょう。今まで「じっくり自分に向き合うこと」をしたことがないのですから当然です。

こうした**心の声は、自分で自分にジャッジを下している証拠**です。

むしろ居心地の悪い状態は歓迎するべきなのです。

何が出てきても、深掘りすることなく、ただ見守りながら、再び呼吸の観察に戻っていく。

日々の絶え間ない思考の渦から一歩距離をおけることが、**マインドフルネス**の意義です。断定することを避け、一歩引いて自分を俯瞰することが、自分と向き合うきっかけになります。

2. Patience（忍耐力をもつ）

　マインドフルネス瞑想中は決して心穏やかではありません。

　「ただ自分と向き合う」という異質な体験は、時として緊張や興奮、怯えをもたらします。とめどなく流れる思考や感情にいてもたってもいられなくなるかもしれません。

　「何か期待していたのと違う！」と迷ったり、強い焦りを感じるのも無理はありません。

　でも、そんなときこそ次のことを思い出してください。

　心の迷いを受け入れながらも、

「その迷いに巻き込まれる必要はない」

と考えるのです。

　心が迷う時間は、蝶になる前の「さなぎ」の時間だと考えます。必要な段階と信じて、先を急ぐ心をおさえましょう。

3. Beginner's Mind（初心者の心で物事をみる）

　「これはもう知っている」

　「前にあったことと同じでしょ？」

　私たちがよく思ってしまうことです。

　物事は移り変わります。一度として、同じ瞬間はきません。

　しかし、私たちは、いつも「もう知っている」という認知の

フィルターをかけて、物事を見てしまいます。これは私たちのカラダの構造上仕方がないことなのです。※2

　人間の眼球には一部光を感じる視細胞のない部分（盲点）があります。そのため、本来ならば私たちが目にする風景には、必ず黒く欠けた部分ができるはずです。

　しかし、それがないのは私たちが左右の眼球を動かしたり、海馬の過去の記憶映像をひっぱりだしたりして、瞬時に補っているからです。

　私たちは本質的に新しいものが見えにくくなっているのです。

　ですから、日常で新しい可能性を見つけたければ、強く意図する必要があります。

　ここで大切なのが「ビギナーズ・マインド（初心者の心）」という考え方です。

　すべてのものをまるで初めて見るかのように接することです。それは私たちに世界の豊かさと新鮮さを教えてくれます。

4. Trust（他の誰よりも自分自身を信頼する）

「あの先生はこう言っていた」
「この本にはこう書いてある」

私たちは、日々こうした外の権威を引用しています。もちろん先達に学ぶことは必要であり、エビデンスは欠かせません。でもマインドフルネス瞑想においては、**あくまで主役は「あなた」**です。

　自分の外側の権威に導きを求めることは、裏を返せば、自分自身の気持ちや善良さを信頼していないということです。自分は不完全であり、外の世界にはもっと賢く高度な完全な存在がいると思っているのです。

　でも、私たちはいくら憧れても結局他の誰かになることはできません。マインドフルネス瞑想は、**憧れの人のスキルをインストールすることではなく、よりあるがままにあなたらしくなること**です。

　マインドフルネスのトレーニングおける先生、アプリ、教材はあくまであなたのガイドにすぎないと考えてください（この本も含めて）。

　ジン博士は言います。

「マインドフルネスを実践することは、自分が自分であることに責任を持ち、自分の存在に耳を傾け、信頼することを学ぶことなのです」

5. Non-striving（非努力）

「常にゴールを決めて、そこから逆算しよう」

学校に入った日から今にいたるまで、私たちは「目的のための努力」を教えられてきました。

でもこうしたがんばりは、マインドフルネス瞑想には不要です。むしろ「邪魔」にすらなります。

マインドフルネス瞑想の目的はただ1つ「あなたがあなたでいること」であり、そのためにするべきことは**「あえて努力をしない」**ことなのです。

努力は常に痛みを伴います。そして痛みを伴う努力ほど称賛されます。

「自分はこうあるべきだ」という目標をもつことは、同時に「今の自分はまだ全然足りない」という現状への不足感を生み出す可能性もあります。

マインドフルネス瞑想で行うことは、そうした不足感を克服することではなく、**不足感も含めた自分自身をありのままに見つめること**です。

でもそれは決して現状放棄ではありません。

その姿勢を続けていると、面白いことに、目標に向かう心の働きが自ずと出てきて、いつのまにか人生のステージが変わっているものです。

6. Acceptance（受容する）

　受容とは、「今、この瞬間において物事を実際にある通りに見る」ことです。マインドフルネス瞑想においても、最も大切なこととされています。

　「そのままの自分を受け入れていたらなんの成長もないよね？」
　「そのままでいいのだったら、なんの進歩もないよね？」

　そう思われる方もいるかもしれません。

　でも、これは誤解です。マインドフルネス瞑想における「受容」はもっと生産的なものです。

　まず物事をありのままに受け止めることで、事実を曲げて思い通りにしようとする無駄な抵抗がなくなります。それは大きなエネルギーの節約になります。

　また、心の中の勝手な期待や恐れで現実を見ることがなくなるので、「次に何をするべきか」が明確に見えてきます。**次の適切な行動の舞台作りが「受容」なのです。**

　受け入れることで、現在の自分の立ち位置を確認し、次のステップに進むことができるのです。

7. Letting Go（手放す）

　手放す、つまり執着がない態度を養うことは、**マインドフルネスの実践の基本です。**

実は、私たちはいつも自分の思考、感情、感覚、経験に対してかなりのエコヒイキをしています。

　これは「信念」とも言えますし、「執着」とも言えます。

　一方で、浮かんだ途端に排除したくなるものもあります。それを抱き続けることが、不快であり痛みであるからです。

　マインドフルネス瞑想では、こうしたエコヒイキを一旦やめてもらいます。**自分の思考をあるがままに受け止める**のです。

　自分の心が何かの思考やイメージをつかんだり押しのけたりしたときは、あえてその衝動を手放してみます。

　この手放しがうまくなると、「考えすぎて眠れない」「考えすぎて動けない」といった現象が激減していきます。

　手放すことは「受容」を続けるための大切な行動です。

マインドフルネス実践の7つの心構え

1. Non-judgment（裁かない）

2. Patience（忍耐力をもつ）

3. Beginner's Mind（初心者の心で物事をみる）

4. Trust（他の誰よりも自分自身を信頼する）

5. Non-striving（非努力）

6. Acceptance（受容する）

7. Letting Go（手放す）

未来への一歩

　マインドフルネス瞑想にのぞむときは、次の言葉を胸に置いてください。

　「何か特別なことを成し遂げようとしてはいけない。あなたが本来持っている素質にすべてが備わっている。この究極の真実を理解するとき、恐怖から解放されるだろう」（『禅マインド　ビギナーズ・マインド』著者鈴木俊隆老師）

《参考文献》
※1　The Foundation of Mindfulness Practice: Attitudes & Commitment　Jon Kabat-Zinn, Ph.D.
From:FULL CATASTROPHE LIVING: USING THE WISDOM OF YOUR BODY AND MIND　TO FACE STRESS, PAIN, AND ILLNESS
※2　『賢い人ほど騙される 心と脳に仕掛けられた「落とし穴」のすべて』P.217（著）ロブ・ブラザートン（訳）中村 千波　ダイヤモンド社

マインドフルネスはあなたの本来持っている能力の発現を助けるものです。何も特別なことではないのですよ！

マインドフルネス瞑想の
プログラム

Intro

いよいよマインドフルネス瞑想の実践ワークに入りましょう。こちらでは、プログラムの全体像をお伝えします。

実は、**マインドフルネス瞑想ほど科学的に体系立てられたヒーリングメソッドはない**と言えます。

Lecture

気鋭の脳科学研究所が検証した実践プログラムの効果

2017 年、マックスプランク人間認知脳科学研究所のタニア・シンガーらは重要な研究を発表しました。※1

332 名の参加者に、**マインドフルネスのトレーニングを 1 種類 3 ヶ月、合計 3 種類 9 ヶ月集中して受講**してもらいます。受講形態は 3 日間の合宿と毎週の講座、そして毎日 30 分の練習という本格的なものでした。

講座のメニューは次の通りです。

【第 1 期】「注意力・学習能力」をのばすプログラム

呼吸の感覚に注意を向ける「呼吸瞑想」や、カラダの各部位に意識を集中する「ボディスキャン」、歩く瞑想や、五感を研

ぎ澄ませる瞑想を行いました。

【第2期】「レジリエンス（立ち直る力）」をのばすプログラム

思いやり、愛情、感謝といった前向きな社会的感情を育み、困難な感情に対処して利他の心を養う瞑想を行いました。

メインとなったのが慈悲の瞑想（Loving-kindness meditation）。他者と自己に対する博愛、愛、ケアの育成に焦点を当てた練習です。

参加者は、まず親しい人をイメージすることで、温かさと気遣いの気持ちに包まれます。この感情を、自分、親しい人、中立の人、嫌いな人、苦手な人、そして最終的にはすべての人に広げていきます。

また、講座外でも他の受講者とお互いの困難や感謝の状況について話し傾聴し合う、ペア課題を出しました。

【第3期】「社会的対応力」をのばすプログラム

自分の思考プロセスについて他人の視点から俯瞰するような、分析型の瞑想を行いました。

まず、参加者は、これから起こる思考を「過去」「未来」、「ポジティブ」「ネガティブ」、「自分」「面倒」などのラベルで分類することを学びます。最終的には、思考に気をとられることなく、思考が流れるのをただ観察することを学びました。

タニア・シンガーのマインドフルネス実験

第1期　「注意力・学習能力」をのばすプログラム

第2期　「レジリエンス（立ち直る力）」をのばすプログラム

第3期　「社会的対応力」をのばすプログラム

各トレーニングを3ヶ月ずつ実施。
科学的な効能を確認。

　この第3期でも講座外のペア課題がありました。これは、「母親」や「子ども」や「裁判官」などになりきり、その人格の視点から自分の思考や状況を説明するワークでした。

　さて、各期の終わりごとに参加者の脳の様子が測定されました。結果は見事にプログラムに応じた変化が判明しました。

　【第1期】「注意力・学習能力」をのばすプログラム修了時には、参加者の脳の前頭前野と頭頂葉の皮質に発達が見られました。ここは注意力をコントロールする部位です。

　【第2期】「レジリエンス（立ち直る力）」をのばすプログラム修了時には、脳の大脳辺縁系や島皮質前部の皮質に発達が見られました。
　前者は「感情の処理」を行い、後者は「共感」に関する部位で

す。

　【第3期】「社会的対応力」をのばすプログラム修了時には、脳の側頭頭頂接合部の灰白質に発達が見られました。ここは他者の視点から物事を見る能力を司る部位です。

　加えてこんな変化も測定されました。

　【第2期】と【第3期】の社会的スキルに関するプログラムの修了者は、**ストレスホルモンであるコルチゾールの放出量が最大51%も減少していたのです！**※2

　自分をオープンにして、偏見なく他者を受け入れる練習は、社会的ストレスへの軽減につながったのです。

　いかがでしょうか？

　この実験から、マインドフルネス瞑想をすることで、脳の構造自体が変化し、共感や思いやりや視野の広さといった社会的知能が確実に伸びていくことが分かりました。

　この研究結果を参考に、**自分が高めたい能力に応じた瞑想プログラムを選ぶことができますね。**

未来への一歩

　この実験のように指導者による集中プログラムを受けることは難しいかもしれません。

　本書では、可能な限りこの本格実験のプログラムのように、毎日実践するだけで、確実にあなたの能力（脳力）がアップデートされるマインドフルネス瞑想ワークをお伝えしていきます。

　それでは次のページへどうぞ！

《参考文献》

※1　Sofie L. Valk, Boris C. Bernhardt, Fynn-Mathis Trautwein, Anne Böckler, Philipp Kanske, Nicolas Guizard, Louis Collins, Tania Singer　Structural plasticity of the social brain: Differential change after socio-affective and cognitive mental training.SCIENCE ADVANCES4 Oct 2017　Vol 3, Issue 10

※2　Veronika Engert, Bethany E. Kok, Ioannis Papassotiriou, George P. Chrousos, Tania Singer　Specific reduction in cortisol stress reactivity after social but not attention-based mental training.Science Advances 2017Sci Adv. 2017 Oct; 3(10)

「毎日1秒だけでもまずやってみよう」くらいの心構えでOKです。習慣化することからはじめてみましょう。

4 あなたのマインドフルネス・レベルを測ってみよう！

Intro

「計測すれば、改善される」——。

　人間は、自分をあらわす数値を見ると、自然に「次はもっと良くするぞ！」と思うものです。

　これは目に見えない「心の働き」に対しても一緒です。

Lecture

　「自分の**マインドフルネス**のレベルを計測できる尺度を作ろう」という試みが始まったのは 2003 年頃からです。

　特に有名なのがロチェスター大学の研究チームが作成した Mindful Atention Awareness Scale（略 MAAS。マインドフル・注意・気づきの尺度）という質問票で、これまで多くの学術実験でも使用されました。

　そして、この日本版というべき質問票を京都大学の藤野正寛先生らが開発・検証してくれました！

Work

日本語版「マインドフルネス・チェック・テスト」をやってみましょう！

日本語版の質問票は15問の設問で構成されています。※1
いずれも私たちが日頃体験しがちなものです。

【設問】

1. （その時に感じていた）感情に後から気づくことがある

2. 不注意や考えごとが原因で物を壊したり、こぼしたりする

3. 今、起きていることに集中することが難しいと感じる

4. 歩いて目的地に向かう際、道中の体験に注意を払わずにさっさと歩く

5. 身体的な緊張や不快感が明確になるまで、なかなかそれに気づかない

6. 初めて聞いた人の名前をすぐに忘れる

7. 自分のしていることをあまり意識しないまま、自動的に動いている気がする

8. 作業をする際に、十分に気を配らずさっさと終わらせる

9. 達成したい目標のことばかりを意識してしまい、そのために今、していることがおろそかになる

10. 自分のしていることを意識しないまま、機械的に仕事や課題を行なう

11. 人の話を聞きながら、気づいたら何か他のこともしている

12. まるで自動操縦のような状態になり、どこかへ行ったときに、なぜそこに行ったか分からなくなる

13. 気がつくと将来のことで頭がいっぱいになっている
14. 気がつくと注意を払わずに何かをしている
15. 食べているということを意識せずに、おやつなどを
    食べている

　この 15 の設問について、それが頻繁に起こるか・そう
でもないか、次の 6 段階から評価してみましょう。

1： ほぼつねにそうなる
2： 頻繁にそうなる
3： やや頻繁にそうなる
4： まれにそうなる
5： あっても非常にまれ
6： ほとんどない

いかがでしょうか？

　ちなみに研究チームが 400 名の参加者におこなった検証で
は、最も頻繁に起こりやすいと回答したものは、「6.初めて聞
いた人の名前をすぐに忘れる」でした。

　あなたの場合はどうでしたか？

　この診断では、点数が高くなればなるほど（この項目に当て
はまるものが少ないほど）、**マインドフルネス**に寄っており、
今、この瞬間にきちんと注意が向いていると言えます。

「〇点以上はＡランク！」のような基準はありません。あくまで、自分自身が把握することが大切です。

　これから紹介するマインドフルネス瞑想ワークと並行して、折に触れて自分に問いかけてみましょう。

《参考文献》
※1　藤野正寛、梶村昇吾 、野村理朗「日本語版Mindful Attention Awareness Scale の開発および項目反応理論による検討」パーソナリティ研究 2015　第 24 巻　第 1 号　61-76

点数は気にしない！　本書でよりマインドフルネスの効能を実感していきましょう。

たった「1分」でもやってみよう「呼吸瞑想法」

Intro

リラックス法で最も大切なのが「呼吸」です。

「自」分の「心」と書いて「息」と書くように、息をする「呼吸」はメンタルに大きく影響をします。

目を開けたまま腹式呼吸を5分弱していただけで、集中状態の脳波であるアルファ波が脳に現れた、というデータもあります。※1

そして、マインドフルネス瞑想の呼吸はただのリラックス以上の意味があります。

Lecture

心の声に耳をすましても、うるさいだけ!?

これから紹介する「呼吸瞑想」は呼吸の力を借りて、絶え間ない思考や感情の騒がしい争いから離れることが目的です。外の刺激から離れてみると、まず分かることがあります。

それは、私たちの「心のせわしさ」です。過去の未練や未来への憶測など、私たちの心は、終始何かを話しています。

よく「心の声に耳をすまそう」と言いますが、実際にすませてみると、あまりのうるささに驚くことでしょう。

マインドフルネス瞑想の目的は、「今、この瞬間に集中し、ありのままの自分の人生に向き合う」ことです。

そのためには、外部の騒音のみならず、心の内側の絶え間ないおしゃべりからも離れる必要があります。

騒音などから離れるために昔から**「繰り返す」ことで注意をコントロールする方法**が提唱されてきました。たとえば、「マントラ（真言、呪文、言葉など）を唱える」ことなどです。

呼吸はまさに、24時間365日誰もが自然に繰り返します。だからこそ瞑想にも最適なのです。**マインドフルネスの超基本**なのでぜひ身につけたいですね。

Work

瞑想呼吸法（椅子に座る場合）※2

Step 1） ポーズ（座るか立つか）を決める
　　——椅子や床に座っても、立っても、寝た状態でもOKです

〔1〕椅子に座る場合、背筋を伸ばし、足裏を床につけ、椅子にまっすぐ座ります。お尻と頭が一直線になるのが理想です。

〔2〕床にあぐらで座る場合は、背筋をのばし、肩の力を抜きます。

〔3〕立った状態でする場合は、頭のてっぺんが天井から
　　ひっぱられるようなイメージで立ちましょう。ここ
　　からは〔1〕椅子に座る場合で解説していきます。

　ポーズが決まったら、手足をリラックスさせます。一
度カラダ中に力を入れてから、ストンと全身の力を抜く
とやりやすいです。

　また両腕を真横にいったんのばすと、胸が開きます。
その感覚を保ったまま両手を両膝にのせましょう。手の
ひらは上にするとやりやすいです。目は閉じるか、半眼
にし、自分の内面に集中します。
　目を閉じてもなかなかリラックスできない場合は、好
きなことや心地よいことをイメージするのもよいでしょ
う。

Step 2）　呼吸を整える
　——呼吸をゆっくり繰り返します。呼吸をコントロー
ルしようとしないでください。短くて浅くても、長くて
深くてもいいのです

　このとき、息が鼻からのどを通って自然に全身に行き
渡る感覚を感じてみましょう。

Step 3） 注意を向ける

　——息を吸い始めてから吐き終わり、そして次のサイクルへというように、呼吸を追っていきます

　サイクルがなじみ、呼吸に集中できるようになったら、少しだけ感覚を外の世界に向けてみましょう。とくに聴覚（聴こえてくること）に注意を向けるのがおすすめです。

　また胸やお腹が上下する感覚にも注意を向けてみましょう。いずれも感覚を味わったら、再び呼吸に注意を戻します。

Step 4） 思考を観察する

　——リラックスがすすむと、あなたの中に無数の思考や感情が行き来することが分かってくるでしょう

　これは自然なことです。ただ、それらが生じ、通り過ぎるのを観察すればいいだけです。

　もし、とめどなくあふれる思考に注意を奪われそうになったら、そっと呼吸の感覚に注意を戻してください。

　呼吸に注意を向けながら、外れた注意を再び呼吸に戻すサイクルが、マインドフルネスの「瞑想呼吸法」です。

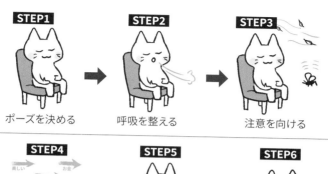

STEP1	STEP2	STEP3
ポーズを決める	呼吸を整える	注意を向ける

STEP4	STEP5	STEP6
思考を観察する	深呼吸をして ゆっくり目を開く	書き留める

Step 5） 終えるときは……

　　──瞑想を終えるタイミングは自由です

　はじめのうちは深呼吸を 3 回して自分自身に終了の合図を出してあげるのもいいでしょう。

　目をあけるときは、できる限りゆっくりと行い、少しずつ光を取り込んでいくイメージで行います。

Step 6） 自分の瞑想体験を書き留める

　　──瞑想ごとに自分がどう変わったかを書き残し、後から振り返る習慣は大切です

たった一言でも構いません。以下のような内容を瞑想後にメモしましょう。

〔Ａ〕瞑想前はどんな目的をもっていましたか？　瞑想後、どんな変化がありましたか？

〔Ｂ〕しっかり呼吸に集中できましたか？　抵抗を感じた場合は、それはどんな感じの抵抗でしたか？

〔Ｃ〕思考がさまよい出したときは、カラダはどんな感覚でしたか？

〔Ｄ〕感情がわき起こったときは、カラダはどんな感覚でしたか？　ポジティブなものでもネガティブなものでも書いてみましょう。

〔Ｅ〕他にも瞑想体験全体を通して得た体験や感覚があればメモしましょう。

　１週間程度書いていくうちに、あなたの中の感覚の変化が実感できるようになります。これがあなたの自己認識能力を向上させ、無意識に反応することが減っていきます。

未来への一歩

「たった1回の呼吸でもいい」。

Googleで開発されたマインドフルネスプログラムの最高責任者マーク・レサー氏の言葉です。

まずは1分でもいいので、実践してみましょう。10〜30分程度、毎日できたら最高です！

《参考文献》
※1　「スムーズな動作につながる呼吸法と力の抜き方」麓 正樹 バイオメカニズム学会誌，Vol. 35, No. 3 (2011) P.176 〜 180
※2　『教師のためのマインドフルネス入門　ストレスをコントロールする力の鍛え方』P.69 〜 91（著）今井真理　明治図書／『世界のトップエリートが実践する集中力の鍛え方　ハーバード、Google、Facebookが取りくむマインドフルネス入門』P.132 〜 138（著）荻野淳也、木蔵シャフェ君子、吉田典生　日本能率協会マネジメントセンター
https://www.health.harvard.edu/mind-and-mood/breath-meditation-a-great-way-to-relieve-stress

きれいな文章で書く必要はありません。あまり気負わず、自分の感覚のおもむくままにメモをしてみましょう！

6

8倍速く重要な情報を
キャッチする「ボディスキャン」

Intro

「腰が痛いときは、ショートポジション（売り持ち）で投資したね」

史上最高の投資家ジョージ・ソロスの言葉です。

彼はカラダに激しい痛みを感じたときに、それをサインとして、投資内容を見直していました。※1

まるで冗談のようですね。でも、実はここには大事なことがひそんでいます。

あなたのカラダは常に無言のメッセージを訴えています。その声を聴く方法をお伝えします。

Lecture

世界的科学雑誌に掲載された「虫の知らせ」現象

1997年、神経科学者アントニオ・ダマシオらは驚きの研究を発表しました。※2

参加者に2つの山からカードを引いてもらい、それにより報酬か罰金かが決まるゲームをしてもらいます。

山には仕掛けがあり、片方の山は必ず損をするように設計

されていました。

　参加者の多くはだいたい 50 回引いたくらいからこの仕掛け
に気づきはじめ、80 回引いたくらいで完全に仕掛けを見抜き
ます。

　しかし、皮膚反応センサーの結果をみると、参加者の多く
は 10 回引いた時点ですでに損する山から引くときのほうが、
高いストレスを感じていることが分かりました。

　つまり、**見抜いたと思っているタイミングよりも 8 倍も早
く、カラダが「そっちはまずいよ！」と警告反応をしてくれて
いたのです。**

　「直観」、「内なる声」、「虫の知らせ」……。あなたも、そん
な理性を超えたカラダからの警告を体験したことがあるかも
しれません。

　ダマシオ氏は、意思決定を早めるために脳の情動を司（つかさど）る部
位（腹内側前頭前野）が、外からの刺激に応じて、「良い」「悪
い」という価値判断を伴った信号を皮膚や内臓に送っていると
いう仮説を立てています（ソマティック・マーカー仮説）。

　私たちのカラダは無言のメッセージを送ってくれているの
です。でも残念なことに、私たちは心をどこかにさまよわせ
ていて、その声を聴こうとしていないのです。もったいない
ですよね。

　そこでおすすめしたいのが、マインドフルネス瞑想の 1 つ
「ボディスキャン」です。

あなたはこの世界にたしかに実在している

　「ボディスキャン」とは、意識を足元から徐々に上体に向けていき、まるで全身をスキャナーで読み込むように、しっかりと認識していくメソッドです。※3

　実在している自分のカラダの感覚を通して、私たちの意識を「今、この瞬間」に固定する意義があります。あなたが知らぬ間に抱えていたカラダの不調を癒やすこともできるかもしれません。

　医療現場では通常 30 〜 45 分かけておこないますが、ここではデューク大学が若年層のために開発した最新の短縮版をもとにご紹介します。※4

Work

ボディスキャン
（短縮版：椅子に座って行います）

【 Step 1 】

　足裏を床につけ、手は膝の上に置き、目を閉じます。背骨の周りの筋肉をリラックスさせながら、背骨をまっすぐに保つことができるかどうかを確認します。

【Step 2】

　まず、足の裏に意識を向け、床についている感覚を確かめましょう。

【Step 3】

　足裏の感覚を感じながら、呼吸が体内を出入りしているのを意識してみましょう。足の裏から息が出たり入ったりするようなイメージをしてみてください。

【Step 4】

　息を吸うたびに意識が研ぎ澄まされていきます。息を吐くたびに、足から緊張と締めつけから解放されていくところをイメージしましょう。

　息を吸って意識を集中し、息を吐いて緊張を解き放つ。

　もし痛み、不快感、緊張を感じる場所があったら、深く息を吸い込み、その場所に送るイメージを持ちましょう。感覚が変わることに気づくでしょう。

【Step 5】

　十分に意識を向け、観察が終わったら、次の順で足から順にカラダの上の方へ意識を移していきます。

1) 太もも
2) 手
3) 腹
4) 腕
5) 背中
6) 肩と首
7) あご
8) 目の周りの筋肉
9) ひたい

ボディスキャンの順番

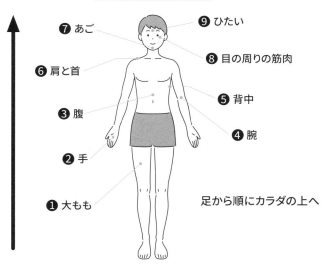

❼ あご
❾ ひたい
❽ 目の周りの筋肉
❻ 肩と首
❺ 背中
❸ 腹
❹ 腕
❷ 手
❶ 大もも

足から順にカラダの上へ

このような順番で、同じように呼吸をしながら、緊張をゆるめ、観察していきましょう。各パーツの時間は自由に増減しても構いません。また、特定のパーツのみを選んで行うこともできます。

【Step 6】

　一連のボディスキャンが終わった後に、体感を書き留めましょう。1行でも構いません。後から振り返り、変化を感じられることが大切です。

○　ボディスキャンを通して、心からわき上がった感情はありましたか？　ポジティブなものでもネガティブなものでも構いません。

○　ボディスキャンを通して、自分自身のカラダについて何か発見はありましたか？

○　ボディスキャンをする前に意図していたことと、実際に終えた後でどんな変化がありましたか？（特に怒りや悲しみなどの強い感情を抱えて始めた場合は、その気分はどのように変化しましたか？）

各パーツごとにゆっくり対話をするようにスキャンしていくとストレス、緊張を抱えている場所ほど感覚に訴えてくることもありますし、ポジティブまたは、ネガティブなイメージになって出てくることもあります。

　そこに息を吹き込んで、変化を観察します。呼吸を通して緊張がカラダから離れ、蒸発していくイメージをもちましょう。

　もし、ボディスキャン中に思考（雑念）が出てきても問題はありません。その思考（雑念）を追うことなく、そっと意識をカラダに戻していきましょう。

　感覚が分かってきたら、各パーツの部位からさらに奥にある筋肉や骨盤もスキャンしてみましょう。

未来への一歩

　次のステップとして、ぜひ大の字に横たわってやってみましょう。寝る前に行うと安眠につながります。起きがけの一番きつい時（起床時はストレスホルモンであるコルチゾールの大半が放出されます）にすると、ばっちり目が覚めますよ。※5

《参考文献》
※1　『FOCUS　集中力』P.91〜94 (著)ダニエル ゴールマン (訳)土屋 京子　日経BPマーケティング
※2　ANTOINE BECHARA, HANNA DAMASIO, DANIEL TRANEL, AND ANTONIO R. DAMASIO (1997)

Deciding Advantageously Before Knowing the Advantageous Strategy.SCIENCE 28 Feb 1997 Vol 275,

Issue 5304 pp. 1293-1295

※3　https://positivepsychology.com/body-scan-meditation/

※4　Mindfulness for the Next Generation: Helping Emerging Adults Manage Stress and Lead Healthier Lives 1st Edición　de Holly Rogers M.D. (Author), Margaret Maytan M.D. (Author)/『教師のためのマインドフルネス入門　ストレスをコントロールする力の鍛え方』P.95 〜107（著）今井真理　明治図書

※5　J C Pruessner, O T Wolf, D H Hellhammer, A Buske-Kirschbaum, K von Auer, S Jobst, F Kaspers, C Kirschbaum（1997）Free cortisol levels after awakening: a reliable biological marker for the assessment of adrenocortical activity.Life Sci. 1997;61(26):2539-49.

ボディスキャンは繰り返すほど効果を実感できます。自分の心やカラダの些細な変化を感じ取ることができるようになります！

人生を楽しく変える「マインドフルに食べる」

Intro

今日は食事をされましたか？

食事は人間にとって必須であると同時に最大の楽しみの1つです。でも、毎回の食事にいつも感謝し、楽しんでいる人は少ないかもしれません。

手元の食事よりも、スマホやTVに意識が向いてしまう人もいると思います。ここでは「マインドフルに食べる」方法をお伝えします。

毎回の食事を「マインドフルに食べる」ことは確実にあなたの人生を変えてくれます。

Lecture

生活習慣病の予防効果あり！
マインドフルに食べれば、1年後の自分に感謝される

「マインドフルに食べる」とは、身体的、感情的な感覚をすべて使って、自分が選んだ食事を体験し、楽しむことです。[※1]これにより、1食の1口ごとが得難い体験であり、感謝できることに気づきます。

この体験は、健康にも大いに役立ちます。

2016年、カリフォルニア大学のアシュリー・E・メイソンらは肥満に悩む194名の参加者に健康プログラムを実施してもらい、一部の方にのみ**マインドフルネスに基づく食事法・健康法を取り入れました。**※2

　それから1年後の調査では、**マインドフルネス要素ありのプログラム参加者は甘いものの摂取量が著しく減り、空腹時血糖値が維持されていました。**

　一方で、その他のマインドフルネス要素がない普通の健康プログラムをした方は、空腹時血糖値が上昇していました。空腹時血糖値の維持は、糖尿病をはじめとした生活習慣病の予防に欠かせないことですね。

Lecture

マインドフルネスの権威が教える
マインドフルに食べる7つの習慣

　マインドフルネス普及の世界的権威である禅指導者ティク・ナット・ハン師は次の7つの習慣を提唱しています。※3

習慣〔1〕 食べ物に敬意を表する

　食材がどこで育ち、誰が運び、誰が調理して、今食卓の上にあるかに想いを馳せます。

習慣〔2〕 五感を働かせる

食べ物の音、色、香り、味、食感、そして食べているときの自分の気持ちを観察します。これらの感覚を働かせるために、定期的に食べ物を口に運ぶ手を止めます。

習慣〔3〕 控えめな量で提供する

習慣〔4〕 一口で味わい、よく噛む

習慣〔5〕 食べ過ぎないように、ゆっくり食べる

習慣〔6〕 食事を抜かないようにする

食事をとらない時間が長くなると、強い空腹感に襲われ、健康的なものよりも、手っ取り早く食べられる物を選んでしまう可能性があります。

習慣〔7〕 健康のため、地球のため、植物性食品を摂る

この7つの習慣は言葉だけならば、簡単にできそうに思えるかもしれません。ただ、実践するとなると相当難しいですよね。

実践できるようになる方法として最適なのが「レーズン瞑想」です。カリフォルニア大学バークレー校監修のメソッドをご紹介しましょう。※4

「レーズン瞑想」
（毎日5分、1週間は続けてみましょう）

Step 1）手に取ってみる

まず、レーズンを手に取り、手のひらか人差し指と親指の間に挟んで持ちます。

Step 2）じっくり見る

あなたが火星からきた宇宙人で、レーズンを見るのは生まれて初めてだ！と想像しながら、注意深くレーズンを見つめます。

光っている部分、影になっているくぼみ、シワやデコボコしているところなど、あらゆるユニークなポイントを観察してください。

Step 3）感触を楽しむ

レーズンを指の間でひっくり返して、その質感を探ります。目をつぶって触るのもよいでしょう。

Step 4）香りをかぐ

レーズンを鼻の下に持っていきます。そして、息を吸

いながら香りを感じ取ります。

　その際、口の中や胃の中で何が起こっているかを観察しましょう。

Step 5）口の中に置く

　ゆっくりと唇に近づけて、噛まずにそっと口の中に入れます。このとき運び上げる手や腕の感覚にも意識を向けましょう。レーズンが口の中に入ってくる感覚に集中し、舌での感触を確かめます。

Step 6）味わう

　レーズンを噛む準備をし、噛むために必要な形や位置を意識します。意識しながらレーズンをひと口かふた口噛み、その後に何が起こるか、噛み続けるうちに口に広がっていくレーズンの味を体験します。

　飲み込まずに、口の中の味覚や食感の感覚を確かめ、それが時間の経過とともにどのように変化していくのか、一瞬一瞬に注目してみてください。

　また、噛んで形がどう変わっているかも感じてみましょう。

レーズン瞑想法

Step 7）飲み込む

　レーズンを飲み込みたくなったら、その意図に気持ちを向けましょう。「レーズンを飲み込む」という体験を意識して行います。

Step 8）振り返り

　最後に、レーズンの残りが胃の中に入っていくのを感じられるかどうか。また、このエクササイズを終えた後のカラダ全体の感覚を感じ取れるかどうかを確認します。

　できれば一言でもいいので、体感をメモしておきましょう。

「ひと口ごとに箸をおく」
食事ごとのエクササイズ ※5

「ひと口食べるごとに、箸やスプーンを置く」
「おにぎりやパンの場合は、ひと口食べるごとにお皿に置く」

　たったこれだけです。箸置きがあるとよいでしょう。
　ただ、やってみるとわかりますが、実はとても難しいです。ちょっと気を抜けば、つい次のひと口に進んでしまいます。
　まずはそれに気づくことです。
　大変ですが、慣れてくると食事の楽しさを感じることができますよ。

　よく「最初のひと口が一番おいしい」と言いますが、このエクササイズを続ければ、いつでも「最初のひと口」状態が味わえます。このエクササイズを提唱したジャン・チョーズン・ベイズ博士はこう語ります。

「『食べる』という行為は、もともと楽しいものです。それなのに、食べ物を意識することなく、せかせかと食べてしまったら、その喜びを経験できません」

＝ 未来への一歩 ＝

　まずは次の食事から、「ひと口ごとに箸を置く」エクササイズに挑戦してみましょう。
　「食」という字は、「人」を「良」くすると書きます。食事は最も身近で、最も楽しい修行ともいえます。

《参考文献》
※1　https://www.hsph.harvard.edu/nutritionsource/mindful-eating/
※2　Mason AE, Epel ES, Kristeller J, Moran PJ, Dallman M, Lustig RH, Acree M, Bacchetti P, Laraia BA, Hecht FM, Daubenmier J（2016）Effects of a mindfulness-based intervention on mindful eating, sweets consumption, and fasting glucose levels in obese adults: data from the SHINE randomized controlled trial. Journal of behavioral medicine. 2016 Apr 1;39(2):201-13.
※3　Savor: Mindful Eating, Mindful Life Tapa dura – 9 Marzo 2010　de Thich Nhat Hanh (Author), Lilian Cheung (Author)
※4　https://ggia.berkeley.edu/practice/raisin_meditation
※5　「今、ここ」に意識を集中する練習　心を強く、やわらかくする「マインドフルネス」入門　P.138〜141　（著）ジャン・チョーズン・ベイズ　（訳）高橋由紀子　日本実業出版社

おにぎりやパン、軽食でもいいのです。
「食」という瞬間にきちんと向き合うことが大切なのです。

レジリエンス（立ち直る力）を高める基本メソッド：

大切な人への「思いやり」を 思い出す「慈愛の瞑想」

―――――― *Intro* ――――――

「思いやり」のある人は、どこでも求められます。

学校では「お友達を大事にしましょう」と教えられます。大人になっても「気配り」は褒められ、「共感型」のビジネスが流行っています。

でも残念ながら、私たちは最も大切な人への「思いやり」をすっかり忘れています。

「最も大切な人」とはどなたでしょうか？

心優しいあなたにお伝えしたいメソッドをご紹介しましょう。

他者の痛みに共感すると、自分も傷ついていた！

「思いやり」については、ぜひ知っていただきたいことがあります。 ※1

神経科学者タニア・シンガーは、チベットの修行僧に様々な瞑想をしてもらい、その時の脳の画像を撮影しました。

まず、はじめに、**苦しんでいる人の痛みに深く寄り添う「共感」の瞑想**をしてもらいました。

結果、なんと他者の痛みを強く思うと、自分が痛みを感じるときの神経回路も活性化していたのです。驚きですよね。

　次は、苦しんでいる人の幸福を祈る「慈悲」の瞑想をやってもらいました。

　結果、他者の幸福を祈ると、脳のモチベーションを上げる神経回路や人とのつながりに関する神経回路が活性化していたのです。この結果は、瞑想未経験者がおこなった場合も同じでした。

　「他人の痛みに寄りそう、思いやりのある人ほど、心が折れやすい」

　「心優しい人ほど、エネルギーに乏しいときがある」

　これまでそんな人に出会ったことがあるかもしれません。またあなた自身もそのような経験があるかもしれません。

　大切なのは、他者の「**痛み**」ではなく「**幸せ**」に寄り添う「**慈悲**」の心です。

　「慈悲」の心は、他人の苦しみを共感したときに感じる「自分の痛み」を消すパワーがあるのです。

その愛に「あなた自身」は含まれていますか？

　他者の幸せを願い、愛をおくる——。そんな「慈しみ」について、大切なことがあります。

　それが「セルフ・コンパッション」です。※2

　ダライ・ラマ法王が私たちに向けて提唱した概念であり、「自分自身に対する思いやり・優しさ」のことです。

　現在社会では、他者に愛を向ける「慈悲深さ」は賞賛されます。でも、私たちは愛を向ける対象に「自分自身」を入れることを忘れがちです。

　「自分はまだまだ」「自分なんてどうせ」と、自分で勝手につくった高い理想像と比較して、とにかく自分を批判してしまいます。それは、ある意味「成長をめざす」向上心のあらわれかもしれません。でも、本来であれば、自分以上に「自分」を愛せる存在はいないはずですよね。

　ダライ・ラマ法王は言います。

「慈しみの心から最初に恩恵を得ることができるのは、慈しみの心を感じている、その人自身だ」

　次頁では、まずはあなた自身の愛を思い出す「セルフ・コンパッション」の瞑想をお伝えします。そして、その愛の意識を全体に広げていく「慈愛の瞑想」をお伝えします。

「セルフ・コンパッション」瞑想※3

【Step 1】

　この瞑想では、楽な姿勢をとることがとても重要です。寝転がっても、座っていても構いません。どこか一箇所自分が落ち着きを感じるカラダの部分に手を置いてみてください。しばらく手の感触やぬくもりを感じてください。

【Step 2】

　まず落ち着くために、腹部の呼吸に注意と意識を向けましょう。息を吸い込み、呼吸の感覚を確かめ、息を吐きながら、お腹が上下するときの呼吸の感覚を確かめます。

【Step 3】

　あなたのことを本当に大切に考えてくれる最愛の存在を想像してみてください。その人を思うだけで思わず笑顔になってしまう、そんな人です。

　昔会った人でも、ペットなど人間以外の存在でも構いません。

その存在と一緒にいる感覚を味わってください。その存在に向かって、次の言葉を伝えてみましょう。

　「あなたが元気でありますように」
　「あなたが幸せでありますように」
　「あなたが安らかで健康な気持ちになりますように」
（フレーズはそのとき浮かんだ言葉でも構いません）

　２、３回繰り返します。このときに、わいてくる温もりをしっかりと味わいましょう。

【Step 4】
　今浮かべている最愛の存在のお隣に、今度はあなたのイメージを加えます。その人とあなた２人に対して、次の言葉を伝えてあげましょう。

　「あなたと私が元気でありますように」
　「あなたと私が幸せでありますように」
　「あなたと私が安らかで健康な気持ちになりますように」
（フレーズはそのとき浮かんだ言葉で構いません）

　２、３回繰り返します。このときも、わいてくる温もりをしっかりと味わいましょう。

【Step 5】

　一緒にいる最愛の存在にイメージの中で感謝を告げてお別れし、今度はあなた自身に注目をします。次の言葉を伝えてあげましょう。

　「私が元気でありますように」
　「私が幸せでありますように」
　「私が安らかで健康な気持ちになりますように」
（フレーズはそのとき浮かんだ言葉でも構いません）

　２、３回繰り返します。このときも、わいてくる温もりをしっかりと味わいましょう。

【Step 6】

　ゆっくりと時間をとって、カラダも心も温もりに満たされていることを体感してください。最後は、長く３回深呼吸をして、ゆっくり目を開けましょう。

あなたと私が
幸せでありますように

「慈愛」の瞑想（ショートバージョン）※4

　この「慈愛」の瞑想は、前述の「セルフ・コンパッション」の瞑想の発展型で、ご自身に抱いた愛の意識を周りのすべてのものに広げていきます（慣れないうちは、まず「セルフ・コンパッション」の瞑想だけを試してみてください）。

　では、「慈愛」の瞑想の、短縮バージョンをご紹介します。

【Step 0】

　次のフレーズから、今、あなたに必要な文を１つ選んでください（組み合わせても構いませんし、あなたが作っても構いません）。

　「私・あなたが**健康**でありますように」
　「私・あなたが**元気**でありますように」
　「私・あなたが**安らか**でありますように」
　「私・あなたが**軽やか**でありますように」
　「私・あなたが**幸せ**でありますように」
　「私・あなたが**平和**でありますように」
　「私・あなたが**強く**ありますように」
　「私・あなたが**安全**でありますように」

【Step 1】

　椅子に座り、目を閉じ、背筋を伸ばします。胸（ハート）に意識を集中してください。落ち着く場合は、そこに手をおいてください。どこか緊張を感じる部分があれば、ゆっくり深呼吸をしてほぐしましょう。

【Step 2】

　まずは自分自身に慈愛の気持ちをおくります。（例：「私が幸せでありますように」）

【Step 3】

　次の3人の存在をイメージしてください。

　1人目）あなたが心から大切に思っている人
　2人目）よく見かけるけど、あまり知らない人
　3人目）あなたが今苦手だと思っている人（もしくは過去に嫌な思いをした人）

　そして、あなたを含めた4人が輪になって座っているところを想像してください。この4人を思い浮かべながら、選んだフレーズを3回、輪に向かって繰り返してください（例：「あなたが幸せでありますように」）。

【Step 4】

　次に、4人の小さな輪から、家庭、職場、近所、国、

そして世界を越えて、すべての生命体へと愛が広がっていく様子を想像しながら、選んだフレーズを3回繰り返してください（例：「地球上のすべての生き物が幸せでありますように」）。

【Step 5】

　次に、地球から宇宙へ、そして宇宙のすべての生命体へ、愛が放射されることを想像しながら、選んだフレーズを3回繰り返してください（例：「すべての時間と宇宙のすべての生命体が幸せでありますように」）。

【Step 6】

　ゆっくりと3回深呼吸をして周囲に意識を戻し、徐々に目を開けていきます。

Work

愛への抵抗を癒やす瞑想 ※5

　自分に思いやりを向けてみることは、必ずしもハッピーな体験だけではありません。不快感、憤り、喪失感、恥、そして猛烈な疲労感……。ときとして様々な感情がうごめきます。これは、当たり前のことです。

　ふいの優しい言葉に、心の中で閉じ込めておいた痛みが一気に噴き出すのです。慌てることはありません。正しいプロセスの中にいると自信をもち、じっくりいたわ

りましょう。

【Step 1】

「今正しいプロセスが起きている」と考えましょう。

【Step 2】

うごめく感情の中で一番強い感情をみつけて、その感情を言葉にしてみましょう（例：「今、自分は怒っているな」「なんか喪失感を感じているな」）。

【Step 3】

感情を分析するのではなく、その感情があなたのカラダのどこに表れているかに注意を向けます。その場所に深呼吸をして息をおくったり、優しく触れてあげてください。

【Step 4】

「足の裏」をしっかり感じてください。左右に軽くカラダを揺らしながら、全身のバランスをととのえて重心を中心に戻します。

そのまま「足の裏」の感覚を感じながら歩いてみます。片足からゆっくり持ち上げて、ゆっくりおろしていく。自分の全身を支える一歩に感謝しながら、自分と地面とのたしかなつながりを感じます。

愛への抵抗を癒やす瞑想

感情に言葉をラベリングするイメージ

未来への一歩

「自分を愛するように、自分以外のすべてを愛する」。慈愛の瞑想が目指すところです。すると、自分とは真逆の存在すらも愛せる「無」敵状態となります。それは、心の平穏をあなたにもたらしてくれます。まずは、あなた自身に深い愛をおくってあげてください。

《参考文献》
※1 『心と体をゆたかにするマインドエクササイズの証明』P.158 ~ 159 (著) ダニエル・ゴールマン&リチャード・J・デビッドソン (訳) 藤田美菜子 パンローリング社
※2 『心と体をゆたかにするマインドエクササイズの証明』P.142 ~ 147 (著) ダニエル・ゴールマン&リチャード・J・デビッドソン (訳) 藤田美菜子 パンローリング社
※3 『自分を思いやるレッスン マインドフル・セルフ・コンパッション入門』P.122 ~ 127 (著) 岸本早苗 大和書房 / https://ggia.berkeley.edu/practice/loving_kindness_meditation
※4 https://positivepsychology.com/loving-kindness-meditation/#metta
※5 『自分を思いやるレッスン マインドフル・セルフ・コンパッション入門』P.91 ~ 96 (著) 岸本早苗 大和書房

社会的対応力を高める基本メソッド：

可能性を広げる 「思考を観察する」瞑想

Intro

「考える」ことは誰もが大切にしているものです。「思考力」は様々なテストで重視されています。でも、時に思考は私たちの苦しみの種になります。

そして、思考は膨大であり、とめどなく流れていきます。自分の可能性を狭める思考をキャッチし、見直すのがここで紹介するメソッドです。

Lecture

人は社会のアイデンティティに能力を抑えられている

1999年、ハーバード大学のマーガレット・シーらは次のような研究を発表しました。※1

アメリカ社会では当時、こんなイメージが浸透していました。

〔1〕アジア系は数学に【強い】傾向にある。
〔2〕女性は数学に【弱い】傾向にある。

そして、今回の実験参加者はアジア系女性です。つまりこ

の矛盾する2つの属性を兼ね備えているわけですね。

　研究チームは、参加者を3つのグループにわけ、次のことをしました。

〔Ａ〕「**女性**」であることを強調する質問をする
〔Ｂ〕「**アジア系**」であることを強調する質問をする
〔Ｃ〕とくに質問しない

その後、実際の数学の問題を解いてもらいました。
正解率は面白いものでした。

〔Ａ〕（「女性」強調）**43％**
〔Ｂ〕（「アジア系」強調）**54％**
〔Ｃ〕（強調なし）**49％**

　解いた問題はみんな同じにもかかわらず……。

　つまり、社会で刷り込まれたイメージを強調された参加者は、各々それにそった行動をとってしまったのです。

　この刷り込まれた社会的イメージを「**アイデンティティ（自己同一性）**」といいます。「自分はこういう存在に違いない」という信念です。すなわち**人はふいにアイデンティティに触れられると、無意識にその枠内に自分の能力をおさめてしまう**のです。

　ただこれは、ナンセンスな地域限定の思い込みです（この実験の場合はアメリカ社会の思い込み）。実際、研究チームがカ

ナダで同様の実験したときはこうした傾向はみられませんでした。

　思い込みに惑わされずに、自分の檻から自由になるには、「思考を観察する」姿勢が必要です。

Work

「思考を観察する」瞑想 ※2

　ケンブリッジ大学マイク・グロス教授は、「思考を意識する」大切さを説いています。

　日々私たちの頭には様々な思考が浮かんでは消えていきます。大事そうなもっともらしい考えがよぎると、私たちはそれにとらわれてしまいます。「自分はこういう人間に違いない」というアイデンティティもその1つです。

　グロス教授がすすめるのは、「思考が去来するのをただ観察する」練習です。やり方はシンプルです。深呼吸してリラックスしながら、ただ思考が浮かんで消える様を何も反応せずに見守るのです。寄せては返す波をながめるように。

　練習は5分くらいで大丈夫です。

　その中で自分のアイデンティティに気づき、不要なものは手放すことができます。それは、とても自由で開放感あふれる瞬間です。慣れてくると、ふとした瞬間（歯を磨いている最中など）の思考の流れも観察できるようになります。グロス教授は言います。「**思考は単なる言葉**

の束であり、あなた自身ではありません」。

思考は
浮雲のごとし

⟩⟩⟩ 未来への一歩 ⟨⟨⟨

　私は思考の流れを「雲の流れ」にたとえるのが好きで
す。流れる雲は様々な形に姿を変えて、空を覆います。
　でもどんな大きな入道雲も、最後は跡形もなく消え去っ
ていきます。雲に実体はないのですから。
　結局、変わらず残るのはどこまでも広がる青空だけで
す。
　思考の流れを観察できるようになると、澄み切った青
空のような本来のあなた自身が見えてきますよ。

《参考文献》
※1　Margaret Shih, Todd L. Pittinsky, and Nalini Ambady（1999）Stereotype Susceptibility:
Identity Salience and Shifts in Quantitative Performance.Psychological Science Volume 10
Issue 1, January 1999
※2　https://www.tristatesportpsych.com/post/copy-developing-the-observing-mind

通勤・通学が気づきの場となる 「マインドフル・ウォーキング」

Intro

マインドフルネス瞑想は、目を閉じて静止することだけに限りません。「今、ここ」に意識を集中すれば、すべての動作がトレーニングの場になります。

ここからは発展型のメソッドをご紹介します。

まずは「歩く」という基本的な動作をマインドフル状態で行ってみましょう。

目的地に行くためでもなく、用事を済ませるためでもなく、ただ歩くだけ。

それはかけがえのない気づきの場となるのです。

Work

「マインドフル・ウォーク　室内版」※1

【Step 1】

　屋内で数分歩き回れるようなスペースを見つけましょう。

【Step 2】

　最初の一歩を踏み出す前に、しばらく目を閉じて呼吸に集中し、考え事や心配事をそっと手放してみましょう。

呼吸によって思考のモヤモヤが溶けていき、息を吐くときにカラダから抜けていくのを想像してみてください。

【 Step 3 】

　目を開けたら、最初のステップを開始します。ゆっくりと息を吸って、息を吐く。これを 1 回の呼吸として、それにあわせて一歩踏み出しましょう。

【 Step 4 】

　そのときのカラダの動きをじっくり観察します。普段と同じように足を上げますが、その際、足を地面から離すときの感覚を意識するように、動作のスピードを遅くします。

【 Step 5 】

　足を前に踏み出すとき、腰、太もも、膝、ふくらはぎが、カラダの両側でどのように連動しているかを意識しましょう。

　最後に床に足が置かれるときに、つま先、足の甲、かかとが床面に踏み込む瞬間の感覚に集中してみます。

　これを反対の足でも行い、数歩繰り返します。

Work

「マインドフル・ウォーク　屋外版」※2

　大きい公園、林道、里山など、安全な場所を探して歩きましょう。

【Step 1】準備

　ウォーキングを始める前に、しばらく静止し、呼吸に意識を向けてください。自分のカラダ全体がどのように感じているのか、注意してみてください。

　姿勢、カラダの重さ、靴の中の足、自然にバランスをとっている全身の筋肉の動きを意識していきます。何度

か深呼吸をし、ゆっくりと意識を今に戻します。

【Step 2】ウォーキング中

普段より少しゆっくり歩き始めます。歩き始めたら、体の動きと五感（視覚・聴覚・触覚・嗅覚・味覚）に意識を向けます。

かかとからつま先まで踏み込む一歩一歩とその足音、脚の筋肉の動きなどに注意を払いながら歩きます。

次に周囲にも注意を広げましょう。

たとえば、木々の間を吹き抜ける風　落ち葉の色、木々や草の匂い、葉っぱを踏む音、鳥の声、一回一回の自分の呼吸を意識しながら全身で世界を味わいましょう。

もし他の考えに気を取られたら、ゆっくり足の動きや呼吸、体の感覚に意識を戻しましょう。

【Step 3】最後に

この歩みが終わりに近づいたら、立ち止まって静止します。何度か深呼吸をします。

一連のマインドフル・ウォークの余韻を全身で感じましょう。

> 「自分の足で地球にキスするように歩こう」。
>
> マインドフルネスの普及者として高名なティック・ナット・ハン師がマインドフル・ウォークを表現した言葉です。
>
> マインドフル・ウォークは慣れてくると、都会の公道でもできるようになります。
>
> するといつもの通勤・通学が、とても鮮やかで面白い体験になりますよ。

《参考文献》

※1 『世界のトップエリートが実践する集中力の鍛え方 ハーバード、Google、Facebook が取りくむマインドフルネス入門』P.156 （著）荻野淳也、木蔵シャフェ君子、吉田典生 日本能率協会マネジメントセンター

※2 https://www.londonmindful.com/blog/mindful-walking-at-home-in-nature-and-in-the-city/

通勤・通学・買い物に行く途中……。いつでもどこでも実践できるのがマインドフル・ウォークの特徴です。

「引き寄せの法則」から導かれた「願望実現マインドフルネス」

Intro

「さらにワクワクする話を聞きたいなぁ」と思われている方、お待たせしました。

「物事をありのままに見る」という、とても現実的なメソッドに思える**マインドフルネス**。いわゆる「願望実現」や「宇宙からの引き寄せ」とは真逆のイメージを持たれているかもしれません。ただ、実際はどうなのでしょうか。

私は、むしろマインドフルネスはとても素晴らしい「願望実現法」だと考えています。

マインドフルネスの姿勢は、科学的に最も正しい「願望実現法」

たとえば「もっとお金がほしい」という願望があるとします。

誰もが一度は持ったことがある願望でしょう。

では、科学的に、合法的にこの願望を叶えるにはどうすればよいでしょうか?

2018年テンプル大学のウィリアム・ハンプトンらは、2,564名の参加者の「収入の高さを決める最大の要因」について調べました。※1

「結局お金持ちなれる人は○○なんだよ」の、○○を徹底追求したのです。

さて、一体○○は何なのでしょうか。

「家柄」？　結局は「学歴」？

はたまた「生まれ持った才能」……、いろいろ浮かびますね。

結果はなんと……、想像以上に面白いものでした。

「衝動的な満足行動を避けること」、いわゆる誘惑を断つ。

これが収入の高さを決める決定要因だったのです。

例えば「ダイエット中なのに、自分へのごほうびでお菓子の袋を開けてしまった」、

「テストや仕事の締め切りが迫っているのに、見始めた動画視聴がやめられない」、

「片付けようと思ったのにうっかり見つかったアルバムを見始めてしまった」……、

こんな悪魔の誘惑は、何かしら誰もが経験したことがありますよね。

でもこれを少しだけ自制して、**夢実現のために今日やるべきことをやり、やめるべきことをやめる。** この積み重ねが、「豊かさの流れ」を作るのです。

巨万の富を築いた大富豪が「人間教育」の大切さを説くのも、

ここに理由があると考えます。

「物事をありのままにみて、『反応』ではなく『対応』する」
（P107参照）、というマインドフルネスの姿勢は、科学的に最も
正しい「願望実現法」だったのです。

理想の未来を思い描くことで不安を払拭

「そうはいっても、誘惑にはどうしても負けてしまう……」、
そんな声も聞こえてきます。気持ちはよく分かります。私自
身もかつては自分の心の弱さを情けなく思っていました。

でも、ご安心ください。研究チームはこんな大きなヒント
を教えてくれています。

**「より大きな報酬が得られる未来の自分を鮮明に想像できれ
ば、人はより我慢強くなれる」。**

これを脳のレベルから解析したのが、2010年に行われたハ
ンブルク・エッペンドルフ大学医療センターの研究です。[※2]

30名の参加者に「すぐにお金の報酬をもらう」か、「後から、
より大きいお金の報酬をもらう」か選んでもらいます。このと
き一部の参加者には、あらかじめ聞いていた将来の予定を見
せて、未来の自身の姿を鮮明にイメージしてもらいました。

結果、未来をイメージした参加者は、イメージしていない

参加者と比較して 23％多く「後から、より大きい報酬をもらう」方を選んだのです。このときの脳画像を分析すると興味深い現象がわかりました。

未来を鮮明にイメージすることで、意思決定に関する脳の前帯状皮質や、恐怖や不安を司る左扁桃体（つかさど）が一斉に活性化したのです。

これはまるで脳内の様々な部署が緊急集会を開いて「やっぱりやろう」、「やっぱりやめよう」と決断を下す感じですね。

Lecture

『ザ・シークレット』とその元となった 『引き寄せの法則』は科学的にも納得！

いかがでしょうか。古今東西の夢実現法や成功法則が「夢が叶った瞬間をありありとイメージしよう」と提言するのもうなずけますよね。

その代表作が、世界的に有名となった『ザ・シークレット』とその元となった『引き寄せの法則』です。『引き寄せの法則』の中で、著者のエスター・ヒックス氏が「エイブラハム」という宇宙の叡智（えいち）から要約するとこんなメッセージを受け取ります。※3※4

「たった 17 秒、思考するだけで『引き寄せの法則』により、似た思考が引き寄せられる。そしてその 4 倍の 68 秒で、その

思考は強化され、勢いが増して、現実化に向かっていく」

　このメッセージは、前述の「未来を鮮明にイメージすることで、脳の緊急集会が開催され、次の一歩の選択が変わる」現象からみても、とても理に叶っているといえます。

　さらに、エイブラハムは「**17秒の思考は2000時間の行動に匹敵する**」とまで言っています。たとえばその1/1000の2時間だけだとしても、それが17秒の思考に匹敵するなんて、すごいと思いませんか？

　これも「一時の我慢強さ」が人生に与える影響を考えると、効果も期待できるでしょう。

　これらを元に、現在の認知科学と古来より伝わる願望実現法を融合した、引き寄せマインドフルネスワーク「**17秒ー68秒**」メソッドを紹介しましょう。

Work

「17秒ー68秒」メソッド

　方法はシンプルです。「**夢が叶って、実現した時やその後の気分を鮮明にイメージして、17ー68秒、味わう**」ことです。鮮明にイメージする、とは物理的に正確な像を描くことではありません。今の延長線上にその未来があると確信して、実現した時の喜びや幸せや感動、感謝といった感情を先取りして味わってみることです。いくつ

かポイントをご紹介しましょう。

〔1〕エイブラハムは「気分が良いこと以上に大切なことはない」と言います。

　もう既に願いが叶った気分を味わい尽くし、浸りきりましょう。

　ここでの注意点は「○○になったらいいな〜」とか「○○が欲しいな〜」「○○になりたいな〜」という願い方ではありません。その願い方だと逆に「今はまだ叶っていない」状態にフォーカスし、そのネガティブな状態も引き寄せてしまいます。

〔2〕**実現がイメージしやすそうな願望から始めましょう。**

　叶った後の感情に浸りきるのが重要なので、その感情を具体的に想像できないものはやめておきましょう。例えば、年収200万円の人がいきなり「3年以内に年収10億円」とか「ペントハウスに1年以内に住む」というのは一般には想像しにくいでしょう。潜在意識が「それはできるわけない」と感じてしまうことにつながります。そして、逆の結果を引き寄せかねません。

　それよりも、その日、そして数日後、数週間後に実現するのが確信できるくらいの願いを描き、それを実現したら大いにお祝いする、というような、身近な願望から始めてみるのがコツです。

［3］この「17秒ー68秒」メソッドは、朝、起きた直後に行うと、昼や夜にするよりも圧倒的に効果があります。

　なぜなら、昼や夜になると、思考の方向が決められてしまっているからです。たとえば、目が覚めてカーテンを開けたらすぐに行う、洗顔後に行う、など朝のルーティンとセットにするとやりやすいでしょう。

⚡ 未来への一歩 ⚡

　この、朝の「17秒ー68秒」メソッドをより実り多くする方法があります。

　【アイム・ハッピー・ビコーズ（I am happy because）〜】というワークです。朝、起きた後に「幸せだな〜、なぜならば……？」と3回自分に質問し、その答えを出してみるのです。

　たとえば、
「私は幸せです（幸せだな〜）。なぜなら、こうして今日も新鮮な気持ちで朝を迎えることができ、地球という最高のアトラクションを楽しめるからです」、
「私は幸せです（幸せだな〜）。なぜなら、大好きな仲間に囲まれているからです」、
「私は幸せです（幸せだな〜）。なぜなら、素晴らしい本や映画、歌や情報と出会い、感動や気づきを毎日与えられているからです」。

このような感じです。感謝は今の現実の中の良い部分に目を向けることです。そして「今」「ここ」を深く味わうことができます。

　さらに感謝は良い未来を描くときの最高の準備体操になります。

《参考文献》
※1　William H. Hampton, Nima Asadi and Ingrid R. Olson (2018) Good Things for Those Who Wait: Predictive Modeling Highlights Importance of Delay Discounting for Income Attainment.Front. Psychol., 03 September 2018
※2　Jan Peters and Christian Büchel(2010)Episodic future thinking reduces reward delay discounting through an enhancement of prefrontal-mediotemporal interactions.Neuron. 2010 Apr 15;66(1):138-4
※3　『新訳 願えばかなうエイブラハムの教え』(著) エスター・ヒックス＆ジェリー・ヒックス　(訳) 秋川一穂　ダイヤモンド社
※　4『エイブラハムに聞いた人生と幸福の真理』(著) エスター・ヒックス＆ウエイン・W・ダイアー、ジェリー・ヒックス　(訳)島津公美　ダイヤモンド社

未来は結局のところ、「今、この瞬間」が積み上がった結果にすぎないのです。

12

「マインドフル・コミュニケーション」の意外な 5 大要素

Intro

　マイクロソフトやシスコにリーダーシップを指導したラスムス・フーガード氏はとてもおもしろい報告をしています。[※1]

　ある会社のトップが毎日 10 分間、マインドフルネス瞑想を行いました。2 〜 3 ヶ月後、部下との関係が大きく改善しましたが、仕事の記録をみた彼は驚きました。

　なんと部下と接した時間が瞑想をはじめる前より約 21％も【減っていた】のです。

　普通は、親密になるならば付き合う時間は増えそうなものです。一体何があったのでしょうか?

　フーガード氏は言います。

「瞑想前の彼とは、どこが違うのか。瞑想後は、彼は実際に部下たちの前に『いた』のだ」

　これはどのような意味でしょうか。実はほとんどの人は他者とリアルに同じ空間にいても、心はそこにありません。

　話している相手とは無関係のことを考えたり、別のことをしています。あるいは聞いているフリをしていても、次に自分が言うことを考えていたり、自分の結論を出すタイミングをはかったりしています。

その姿勢をきっぱりやめて、100％目の前の相手に集中すること。それが「**マインドフル・コミュニケーション**」です。

Lecture

リーダーの本当の仕事は「そこにいること」

「（部下から）持ち込まれるたいていの問題には、解決策は必要ありません。リーダーが時間をつくって、そこにいることが必要なのです」

　世界最大のネットワーク機器会社シスコの取締役ガブリエル・トンプソンの言葉です。※2

　これは、リーダーは「**今、ここ**」**に集中するマインドフルネス状態であれ！**という意味です。

　そのようなリーダーの元では、ついて行くスタッフの幸福度や業績が高いことも検証されています。※3

　これは会社の経営者・上司だけの話ではなく、教育現場の先生や親と子の関係にもあてはまる話です。

　では、どうすれば忙しい環境の中でマインドフルネス状態になれるのでしょうか？

　世界的おもちゃメーカー「レゴ・グループ」の最高人材責任者ローレン・シャスターは重要な発表や会議の前には、**5分間マインドフルネス瞑想に徹し、自分のカラダを「着地」させる**と言います。※4

姿勢を正し、全身の細胞が活性化することをありありとイメージします。「今、ここにいること」を全身で表現します。すると歩き方も話し方も変わり、感情が落ち着き、充実した精神状態で、周囲の人に力強く訴えることができるようになると言います。

　この「グランディング（着地）」の方法を紹介します。

「グランディング（着地）」瞑想※5

　まずやってはいけないことは、落ち着こうと「頭」で考えることです。

　考えれば考えるほど、浮「足」立つのが人間です。ここで必要なのは「思考」から「意識」への切り替えです。「頭」からもっとも離れた場所、「足の裏」に意識をもっていきましょう。

　靴やスリッパを脱ぎ、可能であれば裸足で地面を感じてみます。床や地面におしつけられた足の裏の感覚をあじわい、そこから立ち上る冷たさやあたたかさをしばらく感じてみてください。

　禅の修行に「経行（きんひん）」というものがありますが、その簡易版です。

「思考」 ➡ 「意識」

足元に
意識を集中させる

Lecture

人はお説教や論破では変わらない
聞いてもらえれば、勝手に変わる

　次にいよいよコミュニケーションの要である「傾聴」についてお伝えします。

　通称「マインドフル・リスニング」です。

　多くの場合、私たちは相手の態度や行動を改めてほしいときは、一方的にお説教をしたり相手の言い分を論破したりしてしまいがちです。

　もちろん相手を尊重した方がいいことは誰もが分かっています。

　ただ、人間は一方的にジャッジされて責め立てられたら、自分で自分を守りたくなるものです。

結局、人は自分から変わる以外、変わる方法はないのです。

　外からできることはただ1つ、「変えたくなる」気持ちを促すことです。「傾聴」はそのための最高の方法です。

　「傾聴」とは、聞き手が判断を下すことなく、話に共感と理解をもって耳を傾けること、です。

　本当に質の高い傾聴がどんな結果を生むのか徹底的に追求したのが、2017年にイスラエルのハイファ大学のガイ・イチャコフらが発表した研究です。※6

　研究チームは、政治経済の討論会や自己PRなどシビアな現場で、1.質の高い傾聴の姿勢と、2.注意散漫で聞く姿勢とで、話し手の態度がどのように変わるかを検証しました。

　その結果、1 質の高い傾聴では、話し手の態度に次のような変化が見られました。

〔1〕「自分は周囲からどう思われているのだろう」という社会的な不安が減少する

〔2〕「自分は分かってもらっている！」と信じることができるので、防御的な反応が減りこれまで受け入れにくかった大切な情報にも目が向くようになる

〔3〕オープンマインドになり、肯定的な立場も否定的な立場も受け入れやすくなる

〔4〕 今までにない視点や意見に気づき、たとえそれが**自分の考えとは真逆のものでも「これもありだな」と受け入れられるようになる**

〔5〕 自分を守りたい一心で**極端に頑なな態度をとることが減る**

とくに自分の殻に閉じこもりやすく、「これしかない！」「これじゃなきゃ嫌だ！」と断定しがちなタイプに対して、効果はあったようです。

熱意や知識や経験のある人ほど傾聴できない

「よし、傾聴してみよう！」と思われた方にお伝えしたいことがあります。

「傾聴」は一見すると「ただ耳を傾ける」だけです。

だからこそ難しいのです。

特に「相手のためを思って」と熱意のある人や、自分がすでに解決策を知っている場合ほど難しくなります。**つい口をはさみたくなる衝動をおさえられない**からです。

ロチェスター大学メディカルセンターのハワード・ベックマンの調査によると、患者さんが病状を満足に説明し終えたと

思える平均発話時間は約29秒ですが、そのだいたい6秒前にお医者さんは我慢できずに口をはさんでしまうとのことです。[7]

　必要なのは、「自分」ではなく「今、目の前にいる話し手」に集中することです。そのための「マインドフル・リスニング」のポイントをお伝えしましょう。

Work

「マインドフル・リスニング」の7つのポイント[8]

【Point 1】
身の回りを整頓する

　スマートフォン、iPad、ノートパソコンなどの通信機器をすべて片付ける。

【Point 2】
話し手を見る

　話し手の表情、熱意、息遣い、身振り手振り、姿勢など非言語的なサインを「目で聞く」つもりで観察します。

【Point 3】
口をはさまない

　相手が一通り話を終えたと意思表示をするまで、口をはさまないでください。

　対話を勝負事と勘違いし、「言われっぱなしは嫌だ」という無意識の反発がわくことがあります。でも対話は相

手を助ける行為であり、戦いではありません。

【 Point 4 】
結論や評価を下さない

　結論を急いだり、評価を下すような発言はしないこと。それでは傾聴の意味がなくなります。もし、**してしまったらきちんと謝罪をしましょう。**

　私たちは対話するときは、最初から自分なりの答えをもっており、かつそれを補強するような話の内容ばかりを無意識に聞いています。

　それを防ぐ方法として、全米コミュニケーション協会会長もつとめたラルフ・G・ニコルスは「**今の自分の考えの否定になるような証拠を探す**」つもりで聞くことをすすめています。すると自然に「傾聴」の姿勢になります。

【 Point 5 】
自分の解決策を押しつけない

　聞き手の役割は、「話し手が自分で解決策に気づくのを手伝うこと」です。

　もし解決策を求められた場合であっても、「**たとえば、〇〇を選んだら、どうなると思いますか？**」のように相手に質問してみましょう。

　ここぞとばかりに自分の見解を演説するのはやめましょう。

【Point 6】

より多くの良い質問をする

傾聴というと「黙ってただうなずく」行為に思う方もいます。でも、それでは話し手は「分かってもらえているのかな？」と不安になってしまいます。

最高の会話は、常に能動的なものです。話し手がより自分の経験や思考を深掘りできるような気づきにつながる質問をしましょう。

質問内容は前提を見直したり、新しい視点を与えるものにしましょう。単なる下世話な好奇心や相手を論破したい気持ちから質問していないか、確認しましょう。

何も浮かばなければとっておきの質問があります。

「他にはありますか？」

【Point 7】

振り返りをする

自分のプレゼンを録画して、「話し方」を振り返る人はたくさんいるでしょう。

では、**自分の「聞き方」を振り返ったことはありますか？**　つい上の空になってしまった瞬間や話を奪って自分語りをしてしまった瞬間はありませんでしたか？

「聞き方」の振り返りは自分にフィードバックでき、傾聴能力が確実に向上します。

未来への一歩

「聴かれることは愛されることに近いので、普通の人にとってはほとんど見分けがつかない」
（デイヴィッド・アウグスバーガー）

マインドフル・リスニングを実践すると、相手が「何十年も誰にも言えなかったこと」を言い出せたり、長年の人間関係の問題が一瞬で解決することも多々あります。それだけ「相手の話を聞く」ことは価値があるのです。

もし可能であれば、「傾聴の練習です」と伝えて、できればあまり話したことのない方に、一方的に話してもらいましょう。5分程度でも構いません。マインドフル・リスニングの奇跡が体験できるでしょう。

《参考文献》
※1 『ハーバード・ビジネス・レビュー[EIシリーズ]マインドフル・リスニング』P.50（編）ハーバード・ビジネス・レビュー編集部　ダイヤモンド社
※2 『ハーバード・ビジネス・レビュー[EIシリーズ]マインドフル・リスニング』P.55（編）ハーバード・ビジネス・レビュー編集部　ダイヤモンド社
※3 Jochen Reb, Jayanth Narayanan and Sankalp Chaturvedi(2014)Leading Mindfully: Two Studies on the Influence of Supervisor Trait Mindfulness on Employee Well-Being and Performance.
Mindfulness volume 5, pages36–45 (2014)
※4 『ハーバード・ビジネス・レビュー[EIシリーズ]マインドフル・リスニング』P.56（編）ハーバード・ビジネス・レビュー編集部　ダイヤモンド社
※5 『「今、ここ」に意識を集中する練習　心を強く、やわらかくする「マインドフルネス」入門』P.131～133（著）ジャン・チョーズン・ベイズ　（訳）高橋由紀子　日本実業出版社
※6 Guy Itzchakov, Avraham N Kluger and Dotan R Castro(2017)I Am Aware of My

Inconsistencies but Can Tolerate Them: The Effect of High Quality Listening on Speakers' Attitude Ambivalence.

Pers Soc Psychol Bull. 2017 Jan;43(1):105-120

※7　M K Marvel, R M Epstein, K Flowers, H B Beckman(1999)Soliciting the patient's agenda: have we improved?JAMA. 1999 Jan 20;281(3):283-7

※8　『ハーバード・ビジネス・レビュー[EIシリーズ]マインドフル・リスニング』P.102 ～ 105（編）ハーバード・ビジネス・レビュー編集部　ダイヤモンド社

マインドフル・リスニングは自分だけではなく、身の周りにも良い影響を与えることができるのです！

科学的に効果抜群　５つの「書く瞑想　ジャーナリング」

Intro

　最近、何かを「手書き」したことはありますか？　メモを取るにも、しっかり保存できるスマホの方を選んでしまいがちではないでしょうか。

　実は、「手で書く」行為は手と目と意識を、書き上がる一文字・一文字に集中させる、とてもマインドフルな行為なのです。

　「内面の告白」を専門にする心理学者Ｊ．Ｗ．ペネベーカーも「筆記は注意を持続させ、問題解決を促進する」と述べています。※1

　ここでは、「書く瞑想」（ジャーナリング）の方法として、科学的にお墨付きがあり簡単にできるものを 5 つご紹介します。

Work

書く瞑想 1
「自由に落書きしてみよう」

　「落書き」をほめる人はあまりいないでしょう。でもこ こだけの話、**歴代のアメリカ大統領 44 名のうち 26 名が 議事中に落書きをしていた証拠があるのです。**

　「落書き」はいかにも注意散漫に見えますが、実際は逆なのです。2009 年、プリマス大学のジャッキー・アンド

189

ラードは、とてもユニークな実験をしました。※2

　別の実験帰りで少しお疲れ気味の参加者 40 名に、テープの聞き取りテストをしてもらいます。このとき一部の参加者には、落書きが自由にできる紙を渡しました。

　結果、落書きをしたグループの方が落書きをしなかったグループよりも約 29％も聞き取りの正答率が高かったのです。

　普通は逆になりそうですよね。これは、**落書きすることでマインド・ワンダリング（心のさまよい）現象が中断し、再び目の前の課題に集中できる**からと推測されています。

　ぜひ、堂々と落書きをしましょう。そしてとがめられたらこのページを見せてあげましょう。

Work

書く瞑想 2
「最高の理想の未来を書き出してみよう」

　「将来のことを書いても、その通りになるわけではないでしょう？」。そう思うかもしれません。

　でも、こちらを読むと納得いただけるかもしれません。

　2001 年サウスメソジスト大学のローラ・キングらの研究です。※3

81 名の参加者を次の 4 グループにわけ、4 日間にわた
り個室で毎日 20 分間、次の指定されたテーマを書いて
もらいます。

① 「最高の可能性を発揮し、すべての夢を叶えた未来」
　　を書く
② 「過去の辛かった体験」を思い出して書く
③ 　①と②を 2 日ずつ半々で書いてもらう
④ 　比較のためニュートラルな事柄を書いてもらう

　研究チームは実験前後で参加者の幸福度の変化を調べ
ました。すると、幸福度が上昇していたのは、最高の理
想の未来を書いた①だけでした。
　さらに、実験前の病院への通院数と実験後、半年間の
通院数を比べると、最も減少していたのは最高の理想の
未来を書いた①でした。

　自分にとっての最高の未来を書き出すことは、それ自
体が大きなエネルギーを生み、あなたの心身の健康にも
よい影響を与えるのです。
　どうぞワクワクしながらやってみてくださいね。

書く瞑想3
過去のことを客観的に書き出してみよう
そして"取り越し苦労"（余計な不安）にさよならしよう

「すごく不安だったけれど実際に起きたら、心配していたほど困らなかった」そんな体験はありませんか？

"取り越し苦労"と言うように、人は未来に体験する自分の感情を、深刻にとらえてしまう傾向があります。なぜこのような傾向があるのでしょうか。

実は、未来の予測には過去の情報を参考にします。

そしてそこで人がまっさきに思い出すのが、「1度しか起きなかった、特殊な体験」です。

その「特殊な体験」をベースに未来の感情を予測してしまうので、つい深刻そうに感じてしまうのです。

では、どうすれば取り越し苦労から逃れられるのでしょうか？

2005年、ハーバード大学の研究チームは、こんな実験をしました。※4

ホームで電車を待つ62名の乗客にランダムで次の3つの問いに回答してもらいました。

〔Ａ〕「あなたが以前、電車に乗り遅れた事例を『自由に』
　　　書いてください」

〔Ｂ〕「あなたが以前、電車に乗り遅れた事例のうち『最
　　　悪な事例』を書いてください」

〔Ｃ〕「あなたが以前、電車に乗り遅れた事例を『３つ』
　　　書いてください」

　一見すると問いの内容に差がない気がします。

　しかし、記入後に行った幸福度調査では、**過去の事例
を一番客観視したＣが圧倒的に幸せな気分になっていま
した。**

　さらに、その後で「もし今日も電車に乗り遅れたら？」
という前提で、その時の気分を予測して表現してもらう
と、やはりＣが最も幸せな気分を示していました。

　過去を客観的に振り返るほど、未来の自分の感情も、
よりリアルにイメージできます。

　すると余計な心配をしなくなり、「今、ある幸せ」を感
じやすくなるのです。

　ここからわかるのは、**過去の体験の客観的なストック
があなたの未来への自信を作ってくれる**ということなの
です。

書く瞑想4
「その日うまくいったことを3つ書き出そう」

　「無理なく続けられて効果が抜群な方法」を誰もが求めるものです。

　どんな素晴らしいセミナーも本も結局、そこで学んだことを実践し、続けなければ意味がないですよね。

　そこでおすすめなのが次のメソッドです。

　2005年、「ポジティブ心理学」の提唱者マーティン・セリグマン博士らはとても大切な研究を発表しました。※5

　411名の参加者をグループ分けして、メンタルに良いといわれるいくつかのワーク（例：恩人に感謝の手紙を渡す、日記をつける）に1週間取り組んでもらいました。

　その中で、6ヶ月後の調査で実験前より幸福度が上がっていたワークは、「1週間毎晩、その日にうまくいったことと、その理由を3つ、書き出す」というものでした。

　毎晩その日に成功したことを振り返ることは、未来のあなたのハッピーにつながるのです。

書く瞑想 5
「20年後の自分に向けて今日あったことを書こう」

「20年後の自分に手紙を書こう」。

小学校の卒業制作でやったことがあるかもしれません。

ただ、「20年後の自分」なんて正直イメージができませんよね。でも、遠い未来の自分に思い馳せることはとても大きな意味があるのです。

2018年、カリフォルニア大学の研究チームはこんな実験をしました。※6

535名の学生に現在の自分自身を振り返る手紙を書いてもらいます。そして宛先は次の2つに分かれました。

〔A〕【20年後】の自分に対して書く
〔B〕【3ヶ月後】の自分に対して書く

その後10日間、毎晩その日に運動した時間を報告してもらいました。

結果として、20年後の自分に向けたAは3ヶ月後の自分に向けたBの約1.4倍もの時間、運動に励んでいました。

研究チームは言います。「現在の自分と（遠い）未来の自分のつながりを強めることで、1つ1つの行動を『大きな絵』の中で位置づけて見つめることができます」。

　遠い未来がどうなるかは誰も分かりません。でも、**遠い未来に想いを馳せることは、目の前の「やるべきこと」に取り組む力を与えてくれるのです。**

≫≫ 未来への一歩 ≪≪

　書くコツは「無理をしない」ことです。最初から「書く瞑想」の5つ全部をする必要はありませんし、1行書くだけでも構いません。その1行は紛れもなく「あなたが生きた証」であり、人生を振り返る大切な材料になりますよ。

《参考文献》
※1　『オープニングアップ：秘密の告白と心身の健康』P.271（著）J.W. ペネベーガー（訳）余語 真夫 北大路書房

※2　Jackie Andrade(2010)What Does Doodling do?　Applied Cognitive Psychology 24(1):100‐106

※3　Laura A. King（2001）The Health Benefits of Writing　About Life Goals.Personality and Social Psychology Bulletin 27(7):798-807

※4　Carey K Morewedge,Daniel T Gilbert and Timothy D. Wilson(2005)The Least Likely of Times: How Remembering the Past Biases Forecasts of the Future.Psychological Science 16(8):626-30

※5　Martin E P Seligman　and Tracy A Steen(2005)　Positive Psychology Progress: Empirical Validation of Interventions.American Psychologist 60(5):410-21

※6　Abraham M. Rutchick,Michael L. Slepian,Monica O.Reyes and Lindsay N. Pleskus and　Hal E. Hershfield(2018)Future Self-Continuity Is Associated With Improved Health and Increases Exercise Behavior. Journal of Experimental Psychology: Applied © 2018 American Psychological Association 2018, Vol. 24, No. 1, 72‐80

第 **4** 章

次世代が注目する
最新マインドフルネス
「Awe（オウ）体験」

人生観も世界観も一瞬で変わる!?「Awe体験」とは？

「一瞬で人生が変わる方法」と聞けば、少し怪しく思えるかもしれません。

しかしこの章で紹介する「Awe（オウ）体験」は、人生観も世界観も一瞬で変えるパワーがあります。

「自動マインドフルネス」とも呼ばれる、魅力的で刺激的なメソッドの全貌をお伝えしましょう。

Lecture

人生が一変する壮大なAwe体験

満天の星空を眺めたり、壮大な風景を展望台から眺めたり、出産に立ち会ったり、あるいは感動的な芸術やスピーチに触れたとき、人は「感動」だけでは表現できない厳粛な気持ちになります。

この気持ちが「畏敬の念」です。

「畏敬の念」は、ハッピーな気分だけではありません。驚きに満ち、時として恐怖や違和感すらも伴います。畏敬の念を感じた人は、みな一様に人生観や世界観が変化します。

心理学者が「畏敬の念」の実証的研究を始めたのは 2000 年に入ってからです。

　社会心理学者ダッカー・ケルトナーとジョナサン・ハイト教授は、過去の膨大な「畏敬の念」について書かれた書物を分析して次のような定義をたてました。

　「畏敬の念とは、ある領域で自分の理解を超える強大な刺激に出会ったときの感情反応です」※1

　そして、「畏敬の念」を感じる出来事を古代ノルウェー語の「agi（恐れ）」をもとに、「 Awe（オウ） 体験」と名付けました。※2

Lecture

Awe 体験は、人生の一時停止

　「 Awe 体験」をした人間は、圧倒されます。この時、私たちのカラダの中では何が起きているのでしょうか？

　「 Awe 体験」を研究する社会心理学者シオタ博士は驚きの発見をしました。※3

　「 Awe 体験」をすると、交感神経系と副交感神経系の働きが、いずれも緩慢になり一時停止状態になるのです。

　ポイントは「**いずれも**」という点です。

　つまり「Awe体験」は絶え間ない神経の切り換えを休ませて、人生で立ち止まる時間をプレゼントしてくれるのです。

　第3章までの「マインドフルネス瞑想」のトレーニングも目指すところは、一緒です。
　そして「Awe体験」の良いところは、感動的な体験をすれば、そのまま一瞬で「マインドフルネス」な状態になれる点です。
　シオタ博士は「Awe体験」を「自動マインドフルネス」と呼んでいます。

「Awe体験」6つの特徴

「Awe体験」には6つの特徴があるとみられています。※4

特徴1）広大さを感じる

理解しがたいほどの圧倒的な存在に出会います。

特徴2）今までの自分では理解できないと降参する

圧倒的な存在を自分の既存の枠組みで理解しようとしても、全く歯が立たないことを認めます。これにより新しいものを素直に受け入れはじめるのです。

特徴3）時間のとらえ方が変化する

時間がこれまでよりも、ゆっくり流れるような感覚になります。

特徴4）自分がちっぽけな存在だと感じる

「自分をちっぽけで取るに足らないと感じる」、

「何か大きな存在の一部であると感じる」。※5

広大な「Awe体験」をすると、自分自身の小ささを嫌でも感じます。これは悪いことではありません。

自分中心の意識から離れることができ、周囲の世界に目が向き始めるのです。

特徴5）集団への帰属意識を感じ、向社会的行動を呼び起こす

　意識が外の世界に向くようになると、他者とのつながりを感じられ、その集団での自分の立場や役割を考え始めます。そして自分の利益をさしおいて、他者や集団を助けたり、何かを分かち合いたくなります。

特徴6）特異な身体感覚を感じる

　「鳥肌が立つ」、「背筋がぞくぞくする」、「涙がとまらない」、「息をするのも忘れる」……そんな全身体験が味わえます。

未来への一歩

　「今思えばあれは『Awe体験』だったな……」という人生経験はありますか？　そのとき、あなたの価値観はどのように変わりましたか？

《参考文献》

※1　Dacher Keltner and Jonathan Haidt(2003)Approaching awe, a moral, spiritual, and aesthetic emotion.Cogn Emot. 2003 Mar; 17(2):297-314

※2　「Awe Effect」P.50 (著) カトリーン・サンドバリ＆サラ・ハンマルクランツ (訳) 喜多代恵理子　サンマーク出版

※3　「Awe Effect」P.56～58 (著) カトリーン・サンドバリ＆サラ・ハンマルクランツ (訳) 喜多代恵理子　サンマーク出版

※4　David B. Yaden a, Scott Barry Kaufmana, Elizabeth Hydea, Alice Chiricob, Andrea Gaggiolib, Jia Wei Zhangc and Dacher Keltner (2018) The development of the Awe Experience Scale (AWE-S): A multifactorial measure for a complex emotion.The Journal of Positive Psychology, 14(4), 474–488

※5　Paul K Piff, Pia Dietze, Matthew Feinberg, Daniel M Stancato and Dacher Keltner(2015)Awe, the small self, and prosocial behavior.J Pers Soc Psychol. 2015 Jun;108(6):883-99

2

小さい自分を認めるから起きる！
「Awe体験」の４大効果

Intro

「あなたはもっとできる！」、

「あなたは無限の可能性に満ちた存在だ！」。

自己啓発の世界は、そんな "Think Big！（でっかく考えよう！）" な発想に満ちています。

多くの方が「自己肯定感」を求めています。

「Awe体験」は一見すれば、その真逆に思えます。

圧倒的な存在を目の前にして、「自分の小ささ」を思い知らされるのですから。でもそれは決してマイナスなことではありません。

むしろ「自分第一主義」では手に入らない４つの効果をもたらしてくれるのです。

Lecture

効果 1
他者に寛容になり、「助けよう」という気持ちが生まれる

2015年、カリフォルニア大学バークレー校の研究チームはとても面白い研究を発表しました。※1

90名の学生を２つに分けて、各々１分間次のことをしても

らいます。

〔Ａ〕 樹高 60 メートルのユーカリの巨木を見上げてもらう
〔Ｂ〕 隣のビルを見上げてもらう

　ちょうど 1 分たったときに、アンケート用紙とペンをかかえたスタッフがわざとペンを落として、地面に散らばらせました。
　この時、すぐに拾って助けてくれた学生の数は、巨木を見上げたＡの方が圧倒的に多かったのです。
　また実験後の謝礼の額は、巨木を見上げたＡのほうが隣のビルを見たＢよりも 38% 少ない額で満足していました。

　さらに、参加者に自分と他者のイメージを円の大きさで自由に表現してもらったところ、**巨木を見上げたＡのほうが隣のビルを見たＢよりも約 15% も小さく自分を表現していました。**

　人は「自分の小ささ」を実感すると、自分だけを大切にする気持ちが薄らぎます。そして、他者を大切にしようという社会的感情が高まるのです。

　「Awe 体験」を日本に紹介した先駆者であるカトリーン・サンドバリ女史らは次のように語っています。

　「Awe 体験は、『究極の集団感情』とも言えます。私たちが集団全体のために行動を起こそうとするきっかけにもなるからです」※ 2

効果 2
周囲の世界と一体感を感じ、幸福感が増幅する

　「小さな自分の大きな笑顔」。2022 年、社会心理学者バージニア・シュトゥルらが発表した論文の名前です。※ 3

　とても素敵な響きですよね。

　52 名のご高齢者に 8 週間、1 人で毎日 15 分程度、屋外を散歩してもらいます。実験参加者は、次の 2 グループに分けられました。

〔Ａ〕周囲の風景の広大さや美しさを積極的に見つけ、
　　　「Awe体験」をしてもらう
〔Ｂ〕ただ散歩してもらう

　実験期間終了後のアンケートでは、Ａグループは指示通り、自然の雄大さや細部の美しさに畏敬の念を感じていました。一方でＢグループは、Ａグループより長時間歩いていたものの、頭は自分の未来の予定でいっぱいでした。
　両者を比較すると、「Awe体験」をしたＡグループのほうが、感謝・絆・思いやりといった社会的な感情を深く感じていました。

　同時にとても面白い発見がありました。
　Ａグループの参加者には、散歩中の風景と自分を「自撮り」してもらっていました。研究チームが写真を分析したところ、こんな２つの事実が分かりました。

〔１〕散歩の期間が長くなるにつれ、自撮りの自分の笑顔は大きくなっていった。
〔２〕しかし、写真に占める自分のサイズは小さくなっていった。

Awe体験を象徴する事例です。
「幸せとは、自分が主役となり輝くこと」。誰もが疑わない

考え方です。「自撮り」はその象徴的な行為ともいえます。

　しかし、この実験が教えてくれるように、**自然という自分の外に広がる広大なものに触れて、自分の小ささを感じたときほど、実は人間は大きな幸せを感じることができるのです。**

　何か大きなものの一部であると感じることは、社会的動物である人間にとっては、至福の安らぎであるといえますね。

効果 3
カラダの炎症をおさえ、健康になれる

　私たちのカラダは、感染症や怪我へ対応するため「炎症」という現象をおこします。

　この指令を出すために細胞から放出される分子を「炎症誘発性サイトカイン」といい、免疫細胞を刺激したり、増殖させる力を持っています。※4

　人体の緊急時には力強い味方ですね。

　でも、これが常に高いレベルで放出されていると、筋肉の修復が遅れ、糖尿病、心血管系疾患、うつ病など慢性疾患の原因にもなります。

　実は、「炎症誘発性サイトカイン」の放出には私たちのメンタル状態が大きく影響しています。**高いストレスを感じる体験やネガティブな感情は、全身の「炎症誘発性サイトカイン」**

レベルを上げてしまいます。

「ストレスは万病のもと」という言葉は真実なのです。

逆にポジティブな感情はレベルを下げることが分かっています。

では、最もカラダの炎症を防ぐポジティブ感情は何でしょうか？

2015 年、神経学者ネハ・ジョン・ヘンダーソンらの研究チームはこの点を徹底的に実験しました。※5

対象となったポジティブな感情は、「楽しさ」、「畏怖（驚き・不思議）」、「思いやり」、「満足」、「喜び」、「愛」、「誇り」といったものです。どれも効果がありそうですよね。

結果として、最もレベルを低下させた感情は「畏怖（驚き・不思議）」でした。

つまり Awe 体験をすることで、カラダの炎症がおさまり、健康になれるのです！

逆に最もレベルを上げるネガティブな感情は「恥」であるとされています。

たしかに、自分の殻にとじこもった感情であり、「畏怖（驚き・不思議）」とは正反対ですよね。

余談ですが、よく聖人の逸話で「聖人の手が病人に触れた途端に全快した！」という奇跡の話があります。これはハンドヒーリングの力もありますが、同時に「Awe 体験」からも説明できる部分があると言えるでしょう。

効果 4
未来思考になり、目的にあった行動を取れるようになる

　誰でも目先の誘惑にはとても弱いものです。

　しかし「将来設計」のある人は誘惑に耐えて勉強ができたり、一時的な利益を捨てても人助けや奉仕ができるようです。

　では、どうすれば「将来設計」ができるのでしょうか?

　実はここにも「Awe体験」がからんできます。

　2019年、広州大学のリー・ジンジン博士らの研究チームは3,347名の学生にアンケートをして、Awe体験をしやすい人の特徴を調べました。※6

　すると、**Awe体験をしやすい人は、目先のことではなく、未来の自分を見据えて行動できる傾向**がわかりました。そして「損して得取れ」「情けは人のためならず」という精神で、他者の支援を積極的に行っていたのです。

　「Awe体験」をすることで、謙虚さが育まれ、セルフコントロールが自在になるともいえますね。

　「自分に自信をもとう」「自己承認しよう」と思っても、
心の底では納得できなかった経験はありませんか？
　「Awe体験」はそんなあなたの大きなヒントになります。
では具体的にどんな体験をすればいいのでしょうか？
次にお伝えしましょう。

《参考文献》
※1　Paul K. Piff,Pia Dietze,Matthew Feinberg and Daniel M. Stancato and Dacher Keltner(2015)Awe, the Small Self, and Prosocial Behavior.Journal of Personality and Social Psychology.American Psychological Association 2015, Vol. 108, No. 6, 883–899
※2　『Awe　Effect』P.23（著）カトリーン・サンドバリ＆サラ・ハンマルクランツ（訳）喜多代恵理子　サンマーク出版
※3　Sturm, V. E., Datta, S., Roy, A. R. K., Sible, I. J., Kosik, E. L., Veziris, C. R., Chow, T. E., Morris, N. A., Neuhaus, J., Kramer, J. H., Miller, B. L., Holley, S. R., & Keltner, D. (2022). Big smile, small self: Awe walks promote prosocial positive emotions in older adults. Emotion, 22(5), 1044–1058
※4　https://www.thermofisher.com/jp/ja/home/life-science/cell-analysis/cell-analysis-learning-center/immunology-at-work/proinflammatory-cytokines-overview.html
※5　Stellar, J. E., John-Henderson, N., Anderson, C. L., Gordon, A. M., McNeil, G. D., & Keltner, D. (2015). Positive affect and markers of inflammation: Discrete positive emotions predict lower levels of inflammatory cytokines. Emotion, 15(2), 129–133
※6　Jing-Jing Li, Kai Dou, Yu-Jie Wang and Yan-Gang Nie1(2019)Why Awe Promotes Prosocial Behaviors? The Mediating Effects of Future Time Perspective and Self-Transcendence Meaning of Life.Front. Psychol., 29 May 2019　Sec. Personality and Social Psychology　Volume 10 - 2019

小さな自分の大きな笑顔！

3 あなたもカンタンにできる「Awe体験」11選！

Intro

さて、あなたも「Awe体験」をしたくなりませんか？

実は私は日々、「Awe体験」をしています。

とはいっても、いつも世界中の秘境にいるわけではありません。

もっと手軽にできる方法をここではお伝えします。

Lecture

Awe体験11選
とにかく楽しいのを選ぼう

　Awe体験に共通しているのは、「広大さ」や「永遠さ」が感じられることです。この点、前述のダッカー・ケルトナー教授は11個の具体例をあげています。※1

〔1〕力のあるカリスマ・リーダーに導かれること

〔2〕神的・霊的存在と邂逅（かいこう）すること

〔3〕人間離れしたスゴ技を目撃すること

〔4〕自己犠牲など尊い善行・徳を見ること

〔5〕嵐・竜巻など自然災害に直面すること

〔6〕 壮大な自然を目にすること

〔7〕 大聖堂（歴史ある仏閣）に入ること

〔8〕 心が震える音楽を聴くこと

〔9〕 心が震える芸術体験をすること

〔10〕 すごい考え・理論・教えに出会うこと

〔11〕 空中浮遊（！）を目撃すること

　ご覧のとおり、「トレーニング」というよりは「エンタメ体験」ですね。

　スポーツ観戦でも、映画鑑賞でも、観劇でも、音楽鑑賞でも、パワースポット巡りでも、感動的な本を読むこともすべて該当します。旅行に行くことを「観光（光を観る）」というのは、Awe体験を示しているのだなと思います。

**　1つ条件があるとすれば、「リアルな場所に行く」ということです。**

　すべてがオンラインで済む時代に、最初は腰が重いものです。でも、たとえば映画を「IMAXシアター」で見るだけでもAwe体験になります。

　未来学者ヤーソン・シルヴァは、映画館の暗闇はより大きなものと一体化したいという欲求を高めてくれると言っています。※2

　ぜひ、あなたのお好きな分野でライブ体験、そしてAwe体験をしてください。

Aweウォーク ※3

今日からできるAwe体験を紹介します。3章の「マインドフル・ウォーク」とも似ていますが、こちらはより積極的に「Aweの種」を探していく散歩術です。

この習慣が身につくと、秘境に行かずとも、私たちの日常のあらゆる場所にAwe体験の機会があることが分かるでしょう。

【Step 1】

スマホやiPadなどの電子機器をすべてオフにしましょう（いっそのこと家に置いてきましょう）。そして外に出ましょう。

【Step 2】

6秒かけて吸い、6秒かけて吐く深呼吸をしましょう。空気が自分の鼻孔を通る感覚を意識してください。

どんな呼吸音がしていますか？

【Step 3】

歩き始めましょう。そのとき、両足が地面を踏みしめている感覚を意識してください。

【Step 4】

　周りのものに目を向けて、耳をそばだててみましょう。まずは周囲にある大きなものに意識を向けてみましょう。大きな木、川、空、あるいは歴史を感じる神社仏閣やひときわ目立つホールなど。

【Step 5】

　ここでまた、6秒かけて吸い、6秒かけて吐く深呼吸をしましょう。

　この深呼吸はいつでも意識を現在のAwe体験に戻してくれます。

　ウォーキング中は時々にしましょう。

【Step 6】

　なれてきたら、今度は小さいものにも意識を向けてみましょう。

　道端の草花や壁の模様、水たまり、木漏れ日のふとした影など。見ようとしなければ通り過ぎるようなものにも意識を向けてみましょう。

【Step 7】

　自分がどんなものにAwe体験（広大さなど）を感じるか？

　そのとき、どんなイメージや感覚がわいたかに注意を向けましょう。

できれば一行でもいいので、メモしましょう。

　Awe体験について素晴らしい示唆をいただいた友人の岩崎一郎博士は、「**理屈で考えるより、自然をあるがままに素直に受け止められる人の方が強いAwe体験ができる**」と著書『科学的に幸せになれる脳磨き』の中で伝えています。※4

　まずは、身近な自然をありのままに見つめることからはじめてみましょう。

いつでもどこでもAwe体験ができる時代がくる！

　2017年、サクロ・クオーレ・カトリック大学のアリス・キリコらの研究チームはとても大切な研究を発表しました。※5

　42名の参加者に巨木などのAwe体験を誘発させる絶景動画を見てもらいます。参加者は上映方法によって2つに分けられました。

〔1〕VR上映（仮想体験をして、その世界に没入できる）
〔2〕2D（平面）上映

結果、1のVRの方が2の2Dよりも約34%も深く畏敬の念

を感じていました。

　さらに1のVR視聴者は深いやすらぎを感じていました。人は起きている間、交感神経が優位で常に神経を尖らせていますが、VRのAwe体験により副交感神経が活性化し、緊張状態から解放されたのです。

　「仮想の風景」を見せられていることは、参加者はみんな分かっています。でも、カラダはあたかも実際の絶景に出会ったような変化を示していたのです。

　いかがですか？

　VRがもっと普及したら、手軽に仮想現実を楽しみながら、Awe体験ができて、自分の人生をいつでもアップデートできる時代が来るかもしれませんね。

　今からワクワクしています！

　自然はAwe体験が最も生じる場所です。とはいえ、山や海にすぐには行けない方でも心配いりません。

　環境経済学者リサ・トゥルヴァイネンの研究では、街中の緑豊かな公園で最低15分（できれば45分）過ごすと、ストレスが軽減し、前向きになれることが分かっています。※6

「公園のお散歩」は優しくあなたを変えてくれます。

《参考文献》

※1　Dacher Keltner and Jonathan Haidt(2003)Approaching awe. a moral. spiritual. and aesthetic emotion.Cogn Emot. 2003 Mar; 17(2):297-314

※2　『Awe Effect』P.209（著）カトリーン・サンドバリ＆サラ・ハンマルクランツ（訳）喜多代恵理子　サンマーク出版

※3　『Awe Effect』P.275～278（著）カトリーン・サンドバリ＆サラ・ハンマルクランツ（訳）喜多代恵理子　サンマーク出版

※4　『科学的に幸せになれる脳磨き』(著) P.314 (著) 岩崎一郎　サンマーク出版

※5　Alice Chirico, Pietro Cipresso, David B. Yaden, Federica Biassoni, Giuseppe Riva & Andrea Gaggioli (2017) Effectiveness of Immersive Videos in Inducing Awe: An Experimental Study.Scientific Reports volume 7, Article number: 1218 (2017)

※6　『NATURE FIX　自然が最高の脳をつくる　最新科学でわかった創造性と幸福感の高め方』P.190～191（著）フローレンス・ウィリアムズ　（訳）栗木さつき　森嶋マリ　NHK出版

いっけな〜い!
遅刻、遅刻☆

第5章

人生の半分を
上の空で過ごさないため
マインド・ワンダリング
（心のさまよい）
との向き合い方

1

マインド・ワンダリング (心のさまよい)って?

Intro

　最終章は、これから**マインドフルネス**な人生をおくるあなたへの大切なお知らせです。

　私たちはずっと瞑想をしているわけにはいきません。

　目を開けてしまえば、たちまち膨大な情報が流れ込んできて、忙しい日常が始まります。

　その中で、誰もが巻き込まれてしまう現象があります。

Lecture

ハーバード大学が実験！
私たちの人生の半分は「上の空」

　それが「マインド・ワンダリング (心のさまよい)」です。

　心が「今、ここ」から離れて、アレコレ違うことに向かってしまう現象です。

　いわゆる「上の空」という状態ですね。※1

　2010年、ハーバード大学による25万件のアンケート調査によると、私たちは起きている時間の46.9％は、今やっている目の前のこと以外のことを考えていました。※2

　つまり私たちの人生の約半分は心がさまよって（マインド・ワンダリング）「上の空」で過ごしているのです。

　実験から 10 年以上たった現在では、この割合はさらに増えていることでしょう。
　ちなみにマインド・ワンダリング中はたいてい、こんなことを考えているようです。※3

【マインド・ワンダリング中に浮かんだこと Top 3】

　1 位　他にやらないといけない予定・目標
　2 位　無関係な空想や白日夢
　3 位　今の悩みや課題

マインド・ワンダリング

マインド・ワンダリングが 「生じやすい場面」・「生じにくい場面」

さて、どんな時に「マインド・ワンダリング」が生じやすいか、あらかじめ分かれば対策もできますよね。

この点を 2017 年ノースカロライナ大学は、3,247 名の参加者の協力のもとに徹底分析しました。※4

【マインド・ワンダリングが生じやすい 3 つの場面】

〔1〕 ネガティブな感情（不安・悲しみ・イライラ・混乱）が強いとき

〔2〕 疲れを感じているとき

〔3〕 活動が退屈なとき

キーワードは「くすぶり感」です。人は、何か衰えゆくものに目を奪われると、心がさまよいだすのです。

【マインド・ワンダリングが生じにくい 3 つの場面】

〔1〕 意識的に集中しようとしているとき

〔2〕 大好きなことをして達成感にひたっているとき

〔3〕 幸せな状況にいてポジティブな状態のとき

キーワードは「没頭感」です。人は、何か 1 つの作業に熱中しているとき、心が「今、ここ」にとどまりやすいのです。

未来への一歩

「くすぶり感」を減らして、「没頭感」を増やす。

この指針で行動すれば、マインド・ワンダリングの場面は減り、「今、ここ」に生きる時間が増えていきます。

次節からはその具体的な方法をお伝えします。

《参考文献》

※1　Angelo Belardi, Leila Chaieb, Alodie Rey-Mermet, Florian Mormann, Nicolas Rothen, Juergen Fell & Thomas P. Reber(2022)On the relationship between mind wandering and mindfulness.Scientific Reports volume 12, Article number: 7755 (2022)

※2　Matthew A Killingsworth and Daniel T Gilbert(2010)A wandering mind is an unhappy mind.Science. 2010 Nov 12;330(6006):932.

※3※4　Kane,Georgina M. Gross,Charlotte A. Chun,Bridget A. Smeekens,Matt E. Meier,Paul J. Silvia,and Thomas R. Kwapil(2017)For Whom the Mind Wanders, and When, Varies Across Laboratory and Daily-Life Settings.Psychol Sci. 2017 Sep; 28(9): 1271–1289.

仕事や勉強、人間関係などで強烈なストレスにさらされているときは、まさにマインド・ワンダリングが生じている瞬間です。

「感謝」という万能薬

Intro

まずはマインド・ワンダリングしやすい場面を減らしていきましょう。

222ページでお伝えしたようにマインド・ワンダリングの根っこには「くすぶり感」があります。

どんなものも衰えていくのが世の常です。「くすぶり感」を感じることは避けられません。

でも私たちはそんな中にあっても、去りゆくものの価値を心に留めておく方法を知っています。

それが「感謝」です。

感謝とは自分に起きた良いことを認めて、それが誰かのおかげだなと自覚することです。実際に起きたことだけを対象とする点で、ポジティブ思考とは異なります。

そして他の誰かの存在に想いを馳せることで、より力強く価値を心に留めておくことができるのです。

ここでは「感謝」の効果と方法をご紹介します。

効果 1
感謝は「疲労」を回復し、前向きなエネルギーを作る

2003年、カリフォルニア大学のロバート・エモンズらはこんな研究を発表しました。※1

192名の参加者を3つに分け、それぞれ課題に取り組んでもらいます。

〔A〕 先週あった【感謝した】ことを5つ書き出す
〔B〕 先週あった【イライラした】ことを5つ書き出す
〔C〕 先週あった【自分に影響を与えた】ことを5つ書き出す

課題スタートから9週間、参加者の変化を観察すると面白いことが分かりました。

感謝を書き出したＡグループの人たちは、他グループと比べ体調不良を訴える割合が少なく、次週の出来事にも楽観的な見通しを立てて、人生全体に満足感をおぼえていました。

　またイライラを書き出したＢグループと比べると1週間あたり約1.5時間も多く運動をしていました。

　つまり、1回きちんと言語化して感謝するだけで、**マインド・ワンダリングが生じやすい3つの場面**（P222参照、「ネガティブ感情」・「疲労」・「退屈」）を回避しやすくなるのです。

　「感謝」。大切ですね。

効果 2
感謝は、人を動かす

　2010年、ペンシルベニア大学ウォートンスクールの名物心理学者アダム・グラントらはこんな研究を発表しました。※2

　実験参加者は大学の同窓生から寄付を集めないといけない資金調達担当者41名です。

　「寄付しませんか？」のお誘いの電話はするほうもされるほうも面倒ですよね。なお、資金調達担当者は固定給なので電話の数をより多くこなすメリットはありません。

　グラントらは参加者の一部に、上役から次のように伝えてもらいました。「あなた方の努力にとても感謝しています。大

学への貢献に心から感謝します」。

　たったこれだけですが、面白い現象が起きました。

　感謝の言葉をかけられた参加者たちのそれから1週間の勧誘電話の回数は、前週と比較して50%以上も増加していたのです。

　「もっと数をこなせ」と叱咤されたわけでも特別ボーナスを約束されたわけでもありません。たった一言の感謝の言葉がこれだけの実績を生み出したのです。

　感謝とは、助けられた側が助けた側に「あなたの助けはしっかり役立っていますよ」と伝えることです。それにより相手は「あぁ、迷惑にならずきちんと貢献できたんだ」と安心します。すると次から助けることにためらいがなくなります。

　感謝を伝えることは立派な社会貢献であり、究極の「人を動かす方法」なのです。

Work

感謝の「アウトプット」トレーニング

　いつも多くのヒントをいただいているベストセラー作家の精神科医樺沢紫苑先生は、著書『精神科医が見つけた3つの幸福　最新科学から最高の人生をつくる方法』の中で、感謝について次のように述べています。※3

「ある意味、**究極の幸福状態を簡単に作り出す魔法の言葉が『ありがとう』であり、『感謝』なのです**」。

　そして以下のようなワークを提唱されています。

〔1〕誰かに感謝して「ありがとう」と1日3回言葉で伝える
〔2〕寝る前の15分間、その日の感謝できることを3つ思い出して、書く

　このメソッドはとても大きな意義があります。
　2011年、カナダのニューファンドランドメモリアル大学のジョシュア・ラッシュらはこんな研究を発表しました。
　56人の参加者を2グループにわけ、4週間、次のワークをしてもらいます。

〔A〕「感謝できること」を5分間日記に書いてもらう
〔B〕「その日の出来事と感想」を書いてもらう

　結果、人生の満足度・自尊心・幸福感の評価が高まったのはAグループの人たちでした。
　さらに面白いことが分かりました。
　その日の出来事や感想を書いただけのBグループの人たちはAグループの21倍も嫌な感情や経験について書

いていたのです。

　もちろん感謝を書き出すAグループはわざわざ嫌なことは書かないでしょう。ただ、Bグループも「嫌なことを書き出せ」とは言われていません。

　つまり、**私たちは日常の出来事を思い出すときは「嫌な経験や気分」を優先的に思い出してしまう習慣があるの**です。「感謝」を思い出すことでその習慣を止めることができるのです。

どうしても誰にも感謝できない夜は……
「舌」に感謝しよう

　人生は山あり谷ありです。誰にも感謝したくない夜もあります。でも、そのようなときこそ「感謝」の力が効果を発揮します。

　そんな夜は、自分の「舌」に感謝をしましょう。

　「『舌』に感謝って？」と思われるかもしれません。

　私たちは、火傷したり噛んだりしないかぎり、舌の存在は忘れています。でも私たちが生まれてから今日まで、舌は1日も休むことなく働いてくれています。

　噛むことも、飲み込むことも、発話も、舌がなければできません。

今すぐにでも感謝を伝えるべきですよね！

【舌への感謝のワーク】

飲食をするときに、舌を意識します。

何かを口に入れたとき、噛むとき、飲み込むとき、あなたの舌はどのように動いていますか？

そして舌触り、味、温感に意識を向けましょう。

舌のどの部分がもっとも敏感でしたか？

このワークを紹介したジャン・チョーズン・ベイズ博士は、次のように述べています。※4

「この舌の練習は、マインドフルネスの力を最もよく表している例の1つです」

今まであまり意識してこなかった舌に注意を払うことは、驚くべき可能性が自分の中にあることを教えてくれます。

もちろん舌に限らず、膝や心臓・胃など、どんなところに意識を向けても同様のことを感じられるでしょう。

そして世界がもっと豊かであり、もっと優しいものだと感じられるでしょう。

マンチェスター大学のアレックス・ウッドらは、「感謝の気持ちをもつ人は、特別なレンズで世界を見ることができる」と言っています。

その特別なレンズを通すと人は、他者の役に立ちたいと思っている「親切な存在」に見えてきます。同時に、他人が自分のために何かをしてくれるときに、いかに手間と苦労をかけているかも見えてきます。

すると、自分の行動・振る舞いにもっと意識が向き、人生が変わっていきます。

《参考文献》

※1　Robert A Emmons and Michael E McCullough(2003)Counting blessings versus burdens: an experimental investigation of gratitude and subjective well-being in daily life.J Pers Soc Psychol. 2003 Feb;84(2):377-89

※2　Adam M Grant and Francesca Gino(2010)A Little Thanks Goes a Long Way: Explaining Why Gratitude Expressions Motivate Prosocial Behavior.Journal of Personality and Social Psychology 98(6):946-55

※3　『精神科医が見つけた３つの幸福　最新科学から最高の人生をつくる方法』P.211 ～ 212 （著）樺沢紫苑　飛鳥新社

※4　『「今、ここ」に意識を集中する練習　心を強く、やわらかくする「マインドフルネス」入門』P.224 ～ 227　（著）ジャン・チョーズン・ベイズ　（訳）高橋由紀子　日本実業出版社

3 見違えるパフォーマンスを もたらす「工夫」という常備薬

　次にマインドワンダリングしにくい場面を増やしていきます。222ページで紹介したように、「没頭」状態にいるときは、私たちの心はさまよいにくいのです。

　では、意図して「没頭」するにはどうすればよいのでしょうか？

「没頭」の決め手は、「ひとさじの工夫」

　2009年、ハーバード大学心理学部教授エレン・ランガーらは次のようなユニークな研究を発表しました。※1

　なお、エレン・ランガーはその研究実績から「マインドフルネスの母」と称されている人物です。

　ランガーは、交響楽団に次の2種類の心構えで演奏をしてもらいました。

〔A〕マインドレス条件

　過去に一番良かったパフォーマンスを忠実に再現する

〔B〕マインドフルネス条件

　自分だけが分かる程度の新しいニュアンスを演奏に即興で入れてみる

　音楽家は、音楽により深く「没頭」するほど、パフォーマンスは神がかるものです。

　結果、楽団員の多くが没頭し、かつ聴衆が高く評価したのは、新しいニュアンスに挑戦したBマインドフルネス条件の演奏でした。

　自分がいつもしていることに、ほんの「ひとさじの工夫」を加えてみること。

　それがあなたに「没頭感」と見違えるパフォーマンスをもたらすのです。

マインドフルネスな働き方は、億万長者への道

伝説的なマーケティングの指南者**ダン・S・ケネディ**。

「全米で最も億万長者を生み出した男」としてビジネス史に名を残しています。彼は1万920日（約30年）、どんな日も次のような「**ひとさじの工夫**」を続けてきました。※2

「お客様のためになりそうな記事を見たらメモ付きでおくる」

「手紙を1通だけおくる」

「FAXを1通だけおくる」

「会った人に1冊なにか本をプレゼントする」

簡単にできそうな「ひとさじの工夫」ですよね。

こうした毎日の工夫が1粒の成功の種として次々芽吹き、最後は黄金色に実ったのです。

彼は言います。

「何年も待ってもらわねばならないほど、私への依頼が後を絶たないのは、自分の習慣を守り、先を見据えて、毎日1つ種を蒔いてきたおかげなのだ」

未来への一歩

　あなたの仕事や勉強や活動での「ひとさじの工夫」とは何でしょうか？

　その日、その瞬間に心を込めて「できること」を提供していく。そんなマインドフルネスな姿勢は、いつかの成功に必ずつながっていきますよ。

　あなたのすばらしい前途を祝して、本編を終わります。

　一緒に「心の旅」を続けていただき、ありがとうございました！

《参考文献》

※1　Ellen Langer,Timothy Russel and Noah Eisenkraft(2009)"orchestral performance and the footprint of mindfulness."April 2009Psychology of Music 37(2):125-136

※2　『億万長者のお金を生み出す26の行動原則』P.92〜102　（著）ダン・S．ケネディ（訳）小川忠洋　ダイレクト出版

「世界はもっと豊かで、 もっと優しく、美しい」

　ここまでお読みいただきありがとうございました。最後に こんなエピソードをご紹介したいと思います。

　大富豪フィリップ・アンシュッツ。1兆円を超える資産をも ちアメリカのサッカー界の名オーナーとしても著名な人物で す。そんな彼も若い頃、すべての資産が燃え尽きたときがあ りました

　当時、親から継いだ石油採掘会社を経営していた彼は、現 場主任からの電話に目の前が真っ暗になります。なんと自分 が採掘した油田で大火災が起きているのです！ 　なんとか火災だけでも止めようと、専門の消火機関レッド・ アデアに依頼をしました。

　しかし答えはNO。

　理由は消火費用の支払い能力がないと判断されたからです。 　若きフィリップが採掘権確保のために膨大な借金をしてい たことはあまりに有名でした。 　必死の説得でなんとか承諾してもらいますが、消火費用の 支払い義務はそれだけ重くのしかかります。もちろんアテは

全くありません。なにしろ多額の借金で掘り当てた油田は、目の前で刻々と消滅しようとしているのです！

　さて、あなたがフィリップならどうしますか？

　普通に考えれば打つ手はありませんよね。

　しかし、世界にたった1社だけ、悲惨なフィリップの状況を救った会社があったのです。

　その会社の名前は、ワーナー・ブラザース・エンターテインメント。

　いわずと知れた世界的な映画配給会社です。

　偶然にも彼らは「石油火災」のドキュメンタリー映画を企画していました。

　かくして燃えさかる絶望的な火災は、最高に価値有る映像に生まれ変わりました。

　その映像はやがてジョン・ウェイン主演の「ヘルファイター」で使用され、今でも語り継がれています。フィリップはこの契約で大金を手に入れ、消火費用はおろか、それまでの借金も完済することができたのです。

　それだけではありません。フィリップはこの一件でメディア業界の可能性を知り、「メディア王」への道を歩み始めたのです。

　このエピソードは、八方塞がりのときさえ、その少し先には全く新しい未来が待っていることを教えてくれます。

世界はもっと豊かで、もっと優しく美しいのです。

ただそれに気づけばよいだけです。

その気づく方法が本書でお伝えした「マインドフルネス瞑想」です。

ぜひ本書を何度でも試し、これからの時代をお進みください。

ここまでお読みいただきありがとうございました。

あなたに、感謝を込めてプレゼントをご用意させて頂きました。

こちらにある QR コードからご登録いただければ、「耳より情報」を無料でお届けします。

❶ 冒頭で紹介した「トルストイの 3 つの質問」についての特別原稿

❷「17-68 秒メソッド」（p174）の実践会・特別無料ご招待

❸ マインドフルネスをより効果的に行うためのヒントや豊かになる情報を配信

❹ 望月の「夢を叶える宝地図・講演会」の無料ご招待（他にも4種類の講演会）

ご希望の方はこちら『人生の優先順位を明確にする　1分マインドフルネス』（ https://www.takaramap.com/ 129/ ）もしくは右記の QR コードから「ヴォルテックス LINE チャンネル」に登録し、キーワード、「マインドフルネス」を入力すると LINE 返送メッセージで専用ページをお届けします。

またはスマホで LINE を開いて

@vortex_takaramap

を ID 検索して申請してくださいね（@ をお忘れなく）。

　最後になりましたが、本書の出版までに本当に多くの方々にお世話になりました。

　特に企画から編集に至るまで最高のサポートをいただきました伊藤直樹編集長、五十嵐恭平さんをはじめ、KADOKAWAのみなさま、企画案から文献の調査や原稿の完成まで共に進めてくれたヴォルテックス企画開発部の岡孝史さん、山野佐知子さんには感謝でいっぱいです。

　そして私と一緒に多くの人の可能性を広げていくことにエネルギーを注ぎ続けてくれている望月俊亮、神戸正博さんを筆頭とするヴォルテックスのスタッフに心より感謝申し上げます。

2023 年 9 月　望月俊孝

望月俊孝（もちづき　としたか）

借金6,000万円、突然のリストラ、全身アトピー、一家離散の目前から8ヶ月でV字回復。その原動力になった宝地図（夢を叶える方法）、レイキ（世界800万人が実践の癒しの方法）、勉強法などを活用し、100万部のベストセラー作家に。また74万人に直接指導の教育家となる。　昭和32年山梨県生まれ。上智大学卒。　主な著書に『見るだけで9割かなう！魔法の宝地図』（KADOKAWA）、『何歳からでも結果が出る 本当の勉強法』（すばる舎）、『心のお金持ちになる教科書』（ポプラ社）、『氣を活かしてわたしが変わる究極の氣 レイキ』（河出書房新社）、『引き寄せの法則 見るだけノート』（宝島社）、『未来へ導く 1%の人だけが知っている 魔法の読書法』（イースト・プレス）など41冊、累計100万部、7ヶ国語に翻訳。「国語・算数・宝地図」「一家に一人レイキ・ヒーラー」と言ったビジョンを掲げ活動中。

じんせい　　　ゆうせんじゅんい　　　めいかく　　　　　　　　　　　　いっぷん
人生の優先順位を明確にする　1分マインドフルネス

2023年9月20日　初版発行
2023年11月5日　再版発行

もちづき　　としたか
著者／望月　俊孝

発行者／山下　直久

発行／株式会社KADOKAWA
〒102-8177　東京都千代田区富士見2-13-3
電話　0570-002-301（ナビダイヤル）

印刷所／大日本印刷株式会社

製本所／大日本印刷株式会社